琉球諸島周辺図

ニンポー（寧波）
サンメン（三門）
中華人民共和国
東シナ海
尖閣諸島
飛瀬
久場島
魚釣島
大正島
北小島
南小島
沖ノ北岩
沖ノ南岩
黄尾山興
赤尾山興
琉球諸
キールン（基隆）
タイペイ（台北）
台湾
先島諸島
（八重干瀬）
池間島
多良間島
伊良部島
宮古島
下地島
宮古諸島
与那国島
鳩間島
西表島
石垣島
竹富島
八重山諸島
黒島
新城島
122°
124°
波照間島

沖縄で暮らしてみた

同時代社
編集部編

同時代社

沖縄で暮らしてみた／もくじ

Ⅰ　暮らす ―― 9

Ⅱ　聞く

コラム

I

●沖縄南部の浜辺にて（玉城村）

暮らす

沖縄に移り住んだ人たちが感じた沖縄の魅力とは、何だろうか。移住するまではどんな気持ちだっただろうか。そして今、どうしているだろうか。ここにご登場いただく一三名の人々の視点から、そうしたことに触れていただければうれしい。

なおこの章は月刊誌「うるま」（三浦クリエイティブ発行）の連載「沖縄に住む」に過去掲載されたインタビューを加筆補正したものである。

生きていて良かった
心の糧として
自分自身で選んだ故郷

稲垣純一さん

年　齢　47歳
出身地　東京都
現在地　宜野湾市
移住歴　8年

東京出身のぼくにとって、子どもの頃から夏休みに帰る田舎のような故郷がほしかった——。

　東京で生まれ育った稲垣さん。今や一般家庭に普及し利用されるパーソナルコンピュータを「パソコン」と名づけ、世に送り出したひとりがこの人である。

　二〇代、三〇代とマスコミやコンピュータ業界で働いていた稲垣さんにとって、東京時代は猛烈に忙しいときだった。

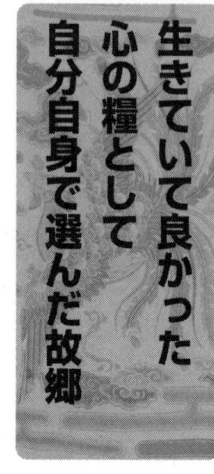

「沖縄に住んで今、生きていて良かったと思っています」

　その充実感は何だろう。稲垣さんが探したもう一つの故郷は、ここ沖縄だった。

「仕事がら、いろいろな国に行ったけれど、ぼくの心のひだに合うのはチューリッヒ、シドニー、沖縄だった。だんだんぼくの沖縄への思いが深くなって、沖縄は心の糧として貴重な場所となっていった」

忙しさでストレスいっぱいの体を癒すために訪れていた沖縄に、

「きっとここは、ぼくの住むべき場所だ」

と気づきはじめ、稲垣さんはひそかに沖縄移住計画を実行した。

三つの会社を経営する稲垣さんにとって、それは簡単に実行できる計画ではなかったはずだ。しかし、四〇歳を迎えた年、大胆にも移住計画を実行。沖縄に来てはみたものの、仕事のあてなどなかった。

「でも、住むほどに生きていて良かったという充実感でいっぱいだった。沖縄って命が濃い所なんです。

テーゲー※とか沖縄タイム※※とか言われることもあるけれど、そんなところに、本来、人間がもっている力とか生物として長く繁栄する知恵が失われずにあるんだと思うんです」

来沖して八年目。今では国際電子ビジネス専門学校の校長であるかたわら、沖縄県振興開発審議会専門委員も務める。

「マルチメディアって、使い方によっては世界を均一にして地域の特性をなくしてしまう恐れがある。けれど、反対に沖縄が沖縄らしく発展するために、マルチメディアを利用していただきたい。

【テーゲー】「大概」「だいたい」の意味の沖縄の言葉。

【沖縄タイム】たとえば、集会などが定刻より遅れて始まること。

それには沖縄の経済規模を拡大していく必要があるでしょうね。これから沖縄流の発展をお手伝いできればいいなと思っています」

青々と茂る石垣

もっと早く来たかった自然のリズムとともに時計を見ない生活へ

寿理津子さん
紗　代さん

年　齢　55歳、27歳
出身地　兵庫県
現在地　東村
移住歴　5年

母、寿理津子さん。娘、紗代さん。ふたりが沖縄に移住してきたのは、今から五年前の九六年のこと。理津子さんは息子の経営する居酒屋を手伝い、紗代さんは設計デザイナーの仕事をしていた。兵庫で生まれ、京都で暮らしていたふたりである。まず沖縄のとりこになったのは娘の紗代さん。

「テレビ番組の『北の国から』に影響されて、小学生の頃から田舎の農村に住みたかったんです。高校の修学旅行も例年だと北海道だったので、とても楽しみにしていたんですが、その年から突然、沖縄に変更になって、とても落ち込んでいたくらいなんですよ」

しかし、その修学旅行が彼女の人生を変

えてしまうことになるのだ。

「修学旅行に行く前までは、北海道、北海道とうるさかった娘が、帰ってきたら沖縄、沖縄ですから」

そう理津子さんが言うように、紗代さんはすっかり沖縄にはまってしまった。それからは、沖縄の離島で先生になることを夢みながらの生活だったそうだ。

短大卒業後は、設計デザイナーとして働いていたが、それまでに訪れた沖縄で琉球ガラス※に出会い、ついに九六年、沖縄に移住し琉球ガラスの仕事を始めることになる。そのときは母親である理津子さんもいっしょに沖縄に移り住んでしまった。

「これまでの五〇年、損をしたと思いました。なぜもっと早く沖縄に来なかったんだろうという気持ちで。踏んではいけない土地、遊びに行くのはとんでもない土地というイメージがあったんですよ」

沖縄を初めて訪れたときの感想を、理津子さんはそう語る。

沖縄市に住み、紗代さんは琉球ガラスの修行を続け、理津子さんは塾の先生をしながらの生活をおくる。二年後には紗代さんが独立し、糸満市に工房を構える。さらに二〇〇〇年一月、念願の田舎暮らしを求めて、本島北部の東村に工房と住居をつくり、移り住むことができた。

「海も山も見えるこの土地で、毎朝起きるのが早くなりました。海から昇る月も真っ

【琉球ガラス】
明治より戦前までは、おもにランプのホヤや薬瓶などの実用品として作られ、戦後は日用品、装飾品など広く生産されている。

暗な空に光る星も、とにかく美しく、自然豊かな場所です。沖縄に来た頃はのんびりとしたテンポについていけず、早くしなくっちゃとあせってばかりいましたが、最近は調子がよければいっぱいつくるし、悪ければやらなくてもいいかと思えるようになりました。自然のリズムとともにやれるようになり始めましたね」

「京都では時間に追われてばかりでしたが、ここでは時計さえ見ない生活です。とにかく時間がゆったりしている。それから、沖縄の人たちにはいろいろと助けてもらいました。地域に溶け込むことが今までできなかったのが、ここに来てからはいろんな誘いがあって、交流がさかんになりました」

ふたりにとって沖縄は、とくにこの東村は、探し求めていた土地なのかもしれない。紗代さんはそんな環境のなかでガラスづくりにはげみ、理津子さんはそれを手伝いながら、併設の「ギャラリー&喫茶」でのんびりと仕事をしている。取材に訪れた日には、おばあちゃんたちも京都から遊びにきていた。もしかしたら、おばあちゃんも沖縄にはまって移り住んでくる、なんてことになるかもしれない。

音楽家から〝染織家〟へ
独学で紅型を学び
自然体のいまを表現

横井祐輔さん

年齢　47歳
出身地　愛知県
現在地　那覇市
移住歴　20年

まばゆい太陽に育まれたこの島には、黄、赤、青と原色を基調としたひときわ鮮やかな染め物がある。そんな紅型《びんがた》※の魅力に魅せられて横井祐輔さんは、沖縄にやってきた。

「沖縄から東京に出てきた彼女が、寂しいからって琉球舞踊※※やってて、そこで初めて紅型を見てね、いいナーって思った。色使いがアートしているんだよね。それで沖縄かぁ、いいナ、行こうって思った」

音楽家として活動していた横井さんが来沖したのは、レコード会社への契約も決まっていたその矢先だった。

「音楽家、染織家って見た目は全然違うけど、それは表現方法が違うだけだよ。いま、自分はなにを感じているかってことをいち

【紅型】
沖縄で産する模様染。一枚の型紙を用いて多彩な模様を染め分ける。

【琉球舞踊】
沖縄伝統舞踊。琉球王国時代に冊封使（さっぽうし）や薩摩在番（ざいばん）奉行歓待のために創作された古典舞踊と、一八七九年以降に創作された雑踏がある。

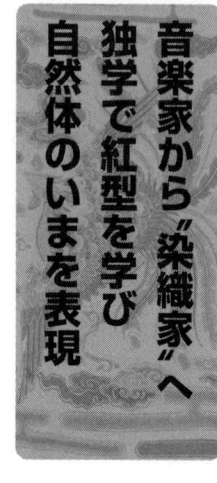

ばん大切にしているから」

音楽家という表現スタイルをやめたことを後悔はしていない。なぜなら、横井さんにとって、自然体のいまを表現できるのは、〝染織家〟というスタイルだから。

しかし、いまの表現スタイルをものにするのは容易なことではなかった。紅型工房ではなかなか県外の受講者を受け入れてはくれず、しかたなく、観光客のふりをして工房をまわり、古い文献を開いて、独学で紅型を学んだ。

「いちばん古い染色方法でやろうとどっぷり漬かった。道具もすべて手作り。刷り込みハケは、弾力がある髪の毛を使うんだけど『長くてきれいな髪の毛ください』って美容院にいくと、変人扱いされてね」（笑）

型彫り刀も、型抜きをする時に使う下敷きルクジューも、自ら島豆腐※を乾燥させて作った。いまでは古典の型にとらわれずに、楽器や身近な植物、祭りと感性を刺激するものをモチーフにさまざまな作品を作っている。

「沖縄を匂いで感じるように、自分が沖縄人じゃないってことも肌で感じる。一時期は沖縄戦を勉強しすぎて、ヤマトの人とかヤマト婿ってことにプレッシャーを感じてしまった。

でも、いまは無理に沖縄人になろうなんて思わないし、考えない」

沖縄に住んで二〇年。横井さんは、斬新

【島豆腐】
沖縄の木綿豆腐。豆腐一丁の重さが一キロ近くもある大型で固めの豆腐。生絞り法という独特な製法を用いてつくる。日常の食事、祭祀などに広く利用されている。

なデザインで紅型を描き、県外を中心に個展を開いている。

「ぼくは図案を丹念にスケッチすることから始める。誰よりも綺麗に描いているよ。でもね、丹念すぎて、衣装に入ってくるおおらかさっていうのが、自分の中にはなかった。それを着て踊ったときに、その衣装からどれだけ優しさが溢れてくるかってことだよ」

竹富島の水牛車

営業所長、飛び回る美しい海を撮り続けこの沖縄を伝えたい

宇治川博司さん

年　齢　39歳
出身地　福岡県
現在地　宜野湾市
移住歴　13年

「父が建築関係の仕事をしていたので、子どもの頃からいろんな所に住みましたよ。福岡で生まれて、日本の高度成長期とともに育ってきたぼくは、新幹線の工事の進む先々で暮らし、まずは岡山でしょ、そして広島。その後は大阪空港で、大阪。そのとき、父は単身で復帰したばかりの沖縄へ行き、それから福岡へ戻って、ぼくは高校卒業後、映画監督を目指し上京」

一九年前、仕事先でダイビングに出会い、ダイビングの養成機関であるPADIのダイビング・インストラクターになり、沖縄に派遣されたのが一九八五年。その後、与論島、サイパンへと移り住むが、一九九一年沖縄に戻る。

「もともとぼくは選んで沖縄に来たわけじゃなくて、沖縄本島の本部《もとぶ》へダイビングの仕事で東京から派遣されたのがきっかけだったからね。最初の沖縄の印象といえば、本部の備瀬崎《びせざき》というところが最初で、フク木※並木の中の赤瓦※※の家がとっても懐かしい感じで、それを抜けるとエメラルドグリーンの海が広がっていてきれいだったよなぁ」

そう当時を振り返る宇治川博司さん。現在は、自宅を宜野湾市大山に構え、某ダイビング器材メーカーの沖縄営業所長として沖縄本島・離島を飛び回っている。

宇治川博司にはもう一つの顔がある。「カメラマン」としての顔だ。二六歳まではカメラを持つのもいやだったのに。

「もともと父がカメラや八ミリが趣味で、子どもの頃から無理矢理撮られたり、鑑賞会がいやでカメラを嫌っていたんだよね。でも二六歳になったとき、『カメラくらい撮れた方がいいかな』って軽い気持ちで始めたのがきっかけかな。

当時、仕事がら水中や陸上のカメラマンに接することが多くて、直接教えてもらったりできたよね。でもほとんど我流なんですよ」

彼は美しい沖縄の海を撮り続けている。そんな彼の作品三〇点が「青い楽園　SEA　BLUE」と題されてポストカードセットとして全国の書店で発売され、人気を集めている。

【フク木】
オトギリソウ科の常緑高木。フィリピン原産。幹は真っ直ぐに立ち、円形に近い樹形になる。葉が厚く、古くは防風、防火林として屋敷の周囲に植えられた。

【赤瓦】
古くは首里城正殿をはじめ社寺仏閣、住居など多くの建物の屋根に使われていたが、建物がコンクリート造りに変わるとともに、少なくなってきている。

「一六年前に初めて見た沖縄と比べて、バブル時に開発が進んで内地に近づき、住みやすくなった反面、埋め立ても多くなり、海岸線は減り、沖縄の人の生活習慣も変わって来たので、『沖縄らしさ』というものがなくなって来ているよね」

思い起こせば一三年。日本各地、いろんな場所に住んできた。気がつけば沖縄がいちばん長くなっていた。

現在はインターネットや流通、交通が発達しているので、自分に合うところで自分のスタイルで仕事ができる環境が大事だよね、と宇治川さんは言う。

「沖縄ねぇ。やっぱりここは家族で住むにはまだまだ自然も多く最高ですよ。これから先？　本籍も移したし、まだまだ撮影をして沖縄を見せたいし、可能な限り住もうと思っていますよ」

この暖かさ
この自然の豊かさ
すべてが気に入ってます

山田光男さん
たつ子さん

年　齢　54歳、50歳
出身地　岐阜県、西表島
現在地　石垣島
移住歴　11年

「西表島《いりおもてじま》※出身のお母さんと出会って初めて沖縄を知りました。いまでも九二歳のおばあちゃんが住んでいるんですが、そこに里帰りしたのがきっかけですかね。二六年前の話です。その頃から移住を考え始めていたんです」

石垣島※※川平《かびら》湾の近くで、白壁と古木に赤瓦をのせた別荘風のペンション「案山子《かかし》の宿」※※※を営む山田さんご夫妻。岐阜県で料理店を経営していた光男さんは、二五歳の頃から、四二歳の厄年までには南の島に移り住もうと計画していたという。

実際に移住した四三歳までの約二五年間は、年に二回ほど、奥さんのたつ子さんの実家に里帰りし、島の暮らしや自然を満喫

【西表島】
沖縄本島に次ぐ面積を有する。石垣島石垣港から西表島仲間港まで三一・四キロの距離。マングローブ林は有名。また、国指定特別天然記念物のイリオモテヤマネコ、カンムリワシなども生息。

【石垣島】
八重山諸島の中心島で、周辺の島々への交通の要所。沖縄県下で最も高い於茂登岳（五二八・八メートル）がある。沖縄本島から四一一キロ、台北から二七七キロに位置する。

【案山子の宿】
石垣市川平八六一
電話〇九八〇八（八）二五七四
一泊二食付・八〇〇〇円～九〇〇〇円
http://www08.u-page.so-net.ne.jp/cj8/kakashi/

していたそうだ。

「四二歳というのは、ちょうど自分の目的も達成した年だったんですよ。それで迷わずお店もたたんで、小学三年生だった息子と私の母と四人で引越してきました。

ゆっくり歳をとるつもりでやって来たんで、商売をするつもりはなかったんですが、たまたまある企業の保養所だったこの物件を見つけ、ペンションを経営することになったんですよ」

ガジュマル※の木陰にブランコが下がる涼しげな庭と、ヤシの木に囲まれた小さなプール。静かな、大人のための宿というおもむきの、すてきなペンションだ。

「都会で暮らしてきたので、とにかく自然の中での生活というものに憧れていたんですが、時の流れがゆるやかで、それに対応するのが辛かったですね。すべての文化の違いにも戸惑って、慣れるのに三年ほどかかりましたよ。

でも、この暖かさと海、自然、動植物の豊かさすべてが気に入っています。いろんな苦労を差し引いても、ここはすばらしいですね」

昼にはアカショウビン※※、夜にはアオバズク※※※やコノハズクが、山から庭にやってくる。お酒を飲めない光男さんは、夜は出かけずに、庭で野鳥を眺めて楽しんでいるそうだ。

山田さんご夫妻のところには、毎年数組、移住の相談をしてくる人たちがいる。そん

【ガジュマル】クワ科の常緑高木。海岸地域に多く自生する。地上の茎がよく発達し、独特の樹形をかたちづくる。

【アカショウビン】カワセミ科の渡り鳥。全身赤っぽいが、下面はやや黄色を帯び、くちばしは太くて赤橙色。沖縄には初夏に飛来し、よく繁った林で繁殖する。

【アオバズク】フクロウ科の渡り鳥。耳羽はなく尾が長い。夏鳥として東南アジア方面から飛来し、沖縄でも繁殖する。

なときには家探しを手伝ったり、いろいろ世話をしてあげているという。

「石垣では低所得でも暮らせます。まず海で貝やカニ、タコ、サカナなどを捕って食べていける。とにかく海が豊かなので、生活はなんとかなりますよ。

　近所づきあいや祭りごとなど村の行事のつきあいは大切ですが、逆に芸能などに興味のある人なら、そこから入っていけますから。うちのお母さんも踊りができるので、引っ張りだこですよ」

　とにかく急がないで生きること、と光男さんはいう。

　夏は仕事も多いので、働く。住むことはなんとかなるので、そのあいだに家や仕事を探せばいいと。あせらず、ゆっくり、が基本だそうだ。

ワゴンに荷物を積み込み めざしたオキナワ フリーマーケット大好き

石原健太郎さん

年　齢　33歳
出身地　岡山県
現在地　宜野湾市
移住歴　6年

一九九九年に話題をよんだ「琉球リカちゃん」※を誕生させたのが、石原健太郎さんである。

「おみやげで売られている琉球人形をもらってもうれしくないじゃないですか。それならカワイイ琉球人形をつくろう、とリカちゃんを改造してインターネットのホームページに載せたんです。それが大反響を呼び、商品化されることになり、おかげでだいぶ助けられました」

石原さんが初めて沖縄にきたのは、二二歳のころ。沖縄にいる知り合いを訪ねての観光だった。居心地のよさを感じて、岡山に帰ってからまたすぐにやってきたほど、沖縄に惹かれてしまった。

【琉球リカちゃん】石原さんが沖縄風にアレンジした「リカちゃん人形」がJTB沖縄の目にとまり、一九九九年五月二六日の那覇新空港開港に合わせ、沖縄限定で五〇〇〇体発売され、大ヒットした。紅型を身にまとい、花笠をかぶる。

それから三年のあいだに八回も沖縄に通うようになる。日帰りでくることもあったそうだ。

「海なんかも好きですが、いちばん惹かれたのはフリーマーケットなんですよ。昔からおもちゃが好きで、米軍基地でやっているフリーマーケットの安さと雰囲気、北谷《ちゃたん》のハンビー※のナイトフリーマーケットなど、本土と違う雰囲気のよさに、とりこになってしまったんです。

他府県にあるテーマパークとか、アメリカ村みたいなつくりものと違って、リアルなアメリカオキナワがある。だから宜野湾や読谷《よみたん》という本島中部がいちばん好きですね」

これなら引越してきた方がいいんじゃないかということで、九五年、二七歳のときに、ワゴン車に荷物を積み込み、沖縄へ移住。まずは部屋探しから始めるが、無職で保証人もいないのがわざわいしてなかなか貸してもらえず、結局一ヵ月ものあいだ、野宿の生活が続いた。

それならばと、寮完備の会社に就職。二ヵ月ほど勤め、そのあいだに部屋を探した。その後ハンビーのフリーマーケットで、週末に物を売る暮らしが始まる。基地のフリーマーケットなどで商品を仕入れ、ハンビーで売る。平日はほかのアルバイトをしながらの生活だった。

現在はフリーマーケットを卒業し、国際

【ハンビー】
北谷町の国道58号線西側に、米軍ハンビー飛行場跡地にできた郊外型ショッピングセンター「ハンビータウン」がある。ハンビータウンはフリーマーケットも並ぶ商業地域で、軍用地跡利用の成功例といわれる。

通りにトイショップ「バナナ・フレーバース※」を開店し、好きなおもちゃを販売している。趣味がこうじておもちゃ屋を始めた石原さん。

九八年には結婚をして、宜野湾市で楽しい毎日を過ごしている。

那覇バスターミナル

【バナナ・フレーバース】輸入ものおもちゃが並ぶトイショップ。営業時間 一一時〜二一時（火曜定休）那覇市牧志二—五—三四—2F　電話〇九八（八六〇）九八七七

歴史、自然、伝統、芸能 住人として 沖縄を見つめていきたい

米林由紀子さん

年　齢　36歳
出身地　石川県
現在地　浦添市
移住歴　１年

　米林さんもご多聞にもれず大の沖縄好き。そんでもって必読書は「うるま」に、その他もろもろの「沖縄」と書かれた書物や雑誌を買いあさらずにはいられないほどの重症患者だそうである。その金沢出身の米林さんが一〇年あまりも勤めていた会社を辞め、いままで一人暮らしさえもしたことがないのに、沖縄に来てしまった。

　そのココロとは？

「ずーっと昔、私にとっての沖縄はバカンスに行くリゾート地、というイメージでしかありませんでした。六〜七年前、たまたま金沢のイベントで沖縄のバンドのライブを見たのと、沖縄を題材にしたテレビドラマを見たこと、それが沖縄に入り込むきっ

かけ、始まりだと思います。〝沖縄ってリゾートだけじゃないの？〟という発見ですかね。沖縄の深い歴史、自然、伝統、生活、芸能やそれらを大切にしてきた人々の心。私の沖縄に対する興味はどんどん強くなっていきました」

それからは雑誌・新聞・テレビなど片っ端からチェックし、沖縄情報を入手し始めたそうである。沖縄の子を探してメール友だちをつくったりもしたそうだ。

「年に一度の沖縄旅行の際はチェックしたスポットに行くことを第一目的として、最後に沖縄郷土本やCDなどを買い漁って帰ってきましたね。ショップで『うるま』を発見したときは、これだ！　とすぐ手に取り、即、定期購読し始め、バックナンバーもすべて揃えました。毎年の沖縄旅行はこんなことの繰り返しで、旅行のたびに新発見もどんどん増え、しだいに三泊四日の旅行では満足できなくなってしまいました。もっと沖縄を肌で感じたい。沖縄の住人として沖縄を見つめていきたいと思うようになったのは自然の成り行きだと思います」

米林さんの移住はかなり計画的でしかも順調にことが進んだように思える。まず就職先を決め、何度か下見をし、頻繁にメールのやりとりをして情報を仕入れ、アパートを探すという、きちんとしたお手本のような行動であった。

「移住を考えてからは、〝そのとき〟を想定して、いろいろ始めました。まず、就職難の沖縄で少しでも有利になるように、何らかの資格取得の受験をし続けました。それから金沢に居ながらにしてできる〝沖縄〟を、ということで、趣味と実益（？）を兼ねて空手※をならい始めたんです。ただ、両親や親友に沖縄移住の気持ちを伝えたとたん大反対にあったのは、とてもショックでしたが」

一度冷静に「移住するには」というシミュレーションを考えてみては、とアドバイスされたそうだ。何のために移住し、何をしにいくのか。それが明確にならない限り沖縄移住はなし得ないと痛感したという。

もちろん苦労したこともある。とくにアパート探し。毎日インターネットをチェックしたり、住宅情報を取り寄せたり。狙い目の地区を絞り、条件を絞り、最終候補を選び、実際に下見をし、気に入った物件がみつかり契約となっても、最後に保証人の問題で断られたりでたいへんだったそうだ。

沖縄の住人となって一年余。ガイドブックや「うるま」に出ていた人やショップや風景に出会うと、「わぁー本物だ」と感動するとか。

「いままで文字や写真だけでしか見られなかったものが、実際に体感できて、わくわくドキドキしっぱなしです。ついひとり笑いしていたり」と、日々の生活に精一杯ながらも、沖縄を満喫しているようだ。

【空手】
沖縄は空手の本場である。沖縄に古くから広く伝わっていたという「ティー」と、中国から伝来した「拳法」とが融合し、発達してきたものといわれている。

山があって、畑があって この大好きな沖縄で 農業がしたかった

久野裕一さん
千春さん

年　齢　27歳、27歳
出身地　東京都
現在地　渡嘉敷村
移住歴　4年、3年

大好きな沖縄で農業をしたい。県や市町村の役所にはそんな問い合わせの電話がよくあるそうだ。東京から沖縄県の渡嘉敷《とかしき》島※に移り住んだ久野裕一さんも、そんな中のひとり。農業がしたかったことと、のんびりとした沖縄に住みたかったことで、あちこちの役所に問い合わせて、ようやく渡嘉敷村役場で当山さんという農家の方を紹介してもらった。近くの離島ならどこでもいいと考えていたので、二つ返事で飛びついたという。

一〇年前に修学旅行で初めて訪れ、以来、何度か沖縄に通い、一八歳のときには一ヵ月間、今帰仁村《なきじんそん》の農家で農業体験として初めて農業に携わる。大学卒業後も、一年間、

【渡嘉敷島】ビーチ、キャンプ場などが整備され、観光が盛ん。沖縄本島西方約三〇キロに位置する慶良間諸島の中で、最大の島。

有機農業をしている農家で働いたこともあったそうだ。

　そして四年前に沖縄へ。

「規模的には家庭菜園の延長的なもので、有機農業でいろんな野菜をつくり、自分で営業して自分で売っています。

　ほかにニワトリも飼っていて、卵も売っています。おもな収入は新聞販売店からの仕事からで、いちばん苦労している農業よりも楽な新聞販売店のほうが収入がよいというのが納得できませんが。

　たしかに農業をやるうえでは、自然環境的に難しい所です。同業者もいないので、相談ごとや教えてもらうこともできず、どうすればよいのか困ってしまうこともあります。

　農業があまりお金にならないのはたしかですね。とくに離島の小さな島で農業をやるには、流通や農地の整備など問題が山積みです。どうしても兼業というかたちにならざるをえません」

　奥さんの千晴さんにも、「なんでこんな島にしたの」と言われたこともあったそうだ。千晴さんは沖縄移住に最初は乗り気ではなく、埼玉で美容師をしていたこともあって、裕一さんより一年後に越してきたのだ。

　一年間じっくり考え、しかたなしに裕一さんについていった感じである。しかし、今では千晴さんのほうが農業にはまってしまい、いろいろと自分で勉強し、農業を楽しんでいるという。

「生活するにはとてもよい所ですよ、渡嘉敷は。ただ、青年会の集まりやエイサー※の練習などで毎日のように飲み会があるのは、朝早い私には少しつらいですね」

将来的には、土地を手に入れて専業農家になりたいと話す裕一さん。

大規模な農家ではなく、自給自足的に畑を耕し、暇なときには海にいって魚を捕るような、そんな生活に憧れてこの島に来たという。

「これまで東南アジアをはじめ、いろんな国を見てまわったんですが、山があって、畑があって、家畜がいる。家のまわりです べてをまかなっているような暮らしをしている人に憧れましたね。

自分も百姓という字のごとく、百の仕事がこなせるような、自分の身の回りのことすべてを楽しくできるようになりたいですね」

【エイサー】沖縄本島中部を中心に、全域に広がる野外の集団舞踊。沖縄の夏の風物詩として知られる。三線、太鼓のほかにパーランクー（半胴鼓）などを鳴らし、「エイサー、エイサー、ヒヤルガ、エイサー」とはやしながら踊る。

背文以上のことはせず できる範囲で 誠意を尽くして

平良典子さん

年　齢　59歳
出身地　静岡県
現在地　那覇市
移住歴　7年

二〇〇〇年一月、佐敷《さしき》町にオープンした琉球舞踊館「うどい」。そこを経営するのが沖縄出身の平良信孝さんとその奥さん、静岡出身の典子さんだ。平良さんご夫妻は、七年前まで東京で暮らしていたが、信孝さんが長男ということもあって、沖縄に戻ることになったという。

　結婚した人が、たまたま沖縄の人だった。そういうパターンで沖縄に移り住む人も多いが、典子さんはどんな気持ちだったのだろう。

「本当は主人は帰りたくなかったんですよ。私が説得して帰ってきたようなものです。若くて気力のあるうちに、沖縄での生活、人生をつくりあげたかった。早くきて、確立したかったんですね」

もちろん、典子さんは信孝さんの里帰りで何度か沖縄を訪れてはいる。里帰りのときはお客さんであったので、暮らし始めてからいろいろと気づくことが多かったそうだ。

「気候、風習などが違うことはもちろん知っていましたが、夏の長さには本当に体力が必要だな、と思いました。必ずバテていましたからね。でも生活にのしかかってくるほどではありませんでしたし、いやでもなかったです。沖縄の風習に関していえば、昔ながら続いているものがありますから、あいいれるものはなかったですが、それでも、故郷に帰りたくなるというようなこともないですね」

良くも悪くも、みんなが許しあっている。悪くいえば、いいかげんといわれていることが沖縄の良さだ、と典子さんはいう。ぎゅうぎゅうつめていない。

時間にしてもそうだが、待たされても怒らない、そんな沖縄的なものがいいのだ、と。

「ちょっとしたご縁でも、ひと肌もふた肌もぬいでくれる。そのおかげで、この琉球舞踊館もオープンすることができましたから、大変感謝しています」

沖縄にきてから琉球舞踊を習い始めた典子さんは、旅行先のバリで、バリ舞踊の野外劇場を訪れる。そこで観た踊りがとても印象的で、沖縄にも世界に誇れる伝統舞踊があるのだから、このようにもっと気軽に琉球舞踊を楽しめる施設があればいいなと思ったのが、琉球舞踊館を始めたきっかけであった。

佐敷につくったのも、南部＝戦跡という暗い面ばかりではなく、そんな暗い中から唄や踊りで立ち直ってきたという意味を考えてのことだ。

「沖縄に移り住むことに関しては、逆に主人の両親や兄弟が心配していました。私はどこにでも住めるタイプなので、気にはしていなかったのですが、すぐに帰ってしまうお嫁さんの話もよく聞きます。

私の場合は、自分のできる範囲のことを誠意を尽くしてやっていくようにしています。自分の背丈以上のことはやらない、気に入られようとか、ほめられようというような気持ちを持たないことが、うまくやっていく秘訣だと思います。ゆっくり慣れていくものではないでしょうか。主人もいますので、大丈夫ですよ」

とにかく県内外の人々に沖縄のすばらしい伝統舞踊を、安く、気軽に楽しんでもらえるよう、内容も充実させ、いろいろな企画も考えていきたい※、と語る。

※「四〇分という時間でじゅうぶん堪能していただける踊りを提供しますので、ほかの観光コースと組み合わせるなかで、気軽に足を運んでいただければと思います」（平良さん）

国際通りもない時代から生粋のジャズマン沖縄とともに

アラン・カヒーペさん

年齢 70歳
出身地 フィリピン
現在地 浦添市
移住歴 49年

彼が最初に見た琉球は、砂利道を牛が荷物を引いて歩いていた、そんないにしえの琉球王国のような時代だった。国道58号線もない、国際通りもない、青い海と砂利道を行き交う人と牛。タクシーやバスももちろんない時代。

彼の名はアラン・カヒーペ。フィリピンで生まれ、ジャズサックス一筋に生きてきて半世紀。生粋のジャズマンだ。

「ぼくがサックスを始めたきっかけ？　それはあの大戦で日本軍の攻撃でぼくの学校が閉鎖されてね。学校に行けなくなったぼくに、お父さんが、何もすることのないのならこれやってごらん、って。サックスを指さしながら」

音楽家の父とピアニストの母をもつ彼が音楽の道に進んだきっかけは、家庭のごく自然な親子の会話から生まれたようだ。

たまたまサックスだった、と彼は言うが、そのサックスを携えて、彼はジャズマンとしての人生を確実なものにしていった。一二歳で始め、一九歳の年には「マニラ・ホテル」で演奏していたという。

「ぼくが沖縄に来たのは一九五一年。一九六〇年までの九年間、カデナベースのオフィサーズ・クラブでバンド・マスター（バンドのまとめ役）をやってた。将校たちの集まるクラブで毎晩演奏したんだ。あのときは、ジャズがいちばんポピュラーだったからね。

みんなすごく喜んで聴いてくれたよ。グレン・ミラーなんかみんなとくに盛り上がってね」

ところが、沖縄の日本返還と同時に、彼は基地内での職を失ってしまう。

「生活のためにサックスで演歌やったりもしたよ。だって客が喜ぶことをしなきゃ、バンドマンじゃないよ。つらかったかって？　ぜんぜん。プレイするときは、いつも心がハッピーなんだ」（笑）

彼は生活のため、基地の外で演奏の場を探した。当時からのつきあいで、彼が友人と呼ぶ沖縄のジャズメンたちはみな、今や沖縄ジャズ・シーンの重鎮といわれる人ばかり。

彼の歴史は沖縄ジャズ・シーンの歴史そのものなのかもしれない。

唐《から》ぬ世《ゆ》※からアメリカ世《ゆ》※※、そして大和《やまと》世《ゆ》※※※を駆け抜けてきたジャズマン、アラン・カヒーぺの奏でるサックスの音色は、どこかで今日も、聴く者の心を濡らしているに違いない。

喫茶店の窓の向こうは、海

「唐ぬ世」は、琉球が中国の冊封下にあった時代のこと。沖縄が絶えず外部勢力の支配を受けたことを皮肉って、「アメリカ世」（一九四五年～日本復帰の一九七二年）、「大和世」（明治政府による琉球処分・廃藩置県後）との言われ方がされ、これとの対比で「唐ぬ世」とも言われた。

◎元気になるために移住します――【沖縄メール便※①】

私の沖縄移住計画は、今まさに進行中です。さまざまな人がさまざまな理由で、沖縄への移住をしようとしています。なかには夢見るような計画もあるようです。でも、私の理由はずばり、元気になるためなのです。

三年前にお医者さんから胃ガンの診断をくだされ、手術をしました。治ったとは言われたのですが、いまだ後遺症に悩まされる日々です。病弱な私を気遣い、主人は現在の仕事（会社員）をやめ、私が大好きな沖縄への移住を決断してくれました。

しかし、決断はしてくれたものの主人の新しい就職先も決まらない日々が続きました。私たちの移住希望は漠然としたものだったのです。そんなときに「沖縄生活」というホームページとの出会いが私たちを変えました。私は自分たちの不安を書き込みました。するとと親身になって「レス」（回答）してくれた人がいました。沖縄へ移住して六年の外科医の方で、この出会いが、それまでもやもやしてた自分たちの移住計画に光を与えてくれました。

彼は移住後の私の病院の受け入れをサポートしてくれるというのです。いちばん大きな不安材料を取り除いてくれるものでした。先日アパート探しのために沖縄へ行きまし

※当社ホームページ上で、沖縄移住や長期滞在にまつわる体験談を募集した結果、いくつかのお便りが寄せられました。その一部をこのコーナーで紹介していきます。

た。その際には、大勢の沖縄移住者と沖縄県人を集めてくれ、歓迎会を催してくださいました。どんなに勇気づけられたか。

無事アパートも見つけることができ、あとは引っ越すのみ。舞い上がっていた私に、また難題が発生しました。別の箇所のガンの手術をしなければならないことがわかったのです。でも、お医者さんはこれも初期だから取り除けば大丈夫と言ってくれています。でも不安なものです。それでも移住された外科医は「だいじょうぶだから安心していらっしゃい」と言ってくれます。ドクターとしてだけではなく、友人としてのアドバイスもくださいます。

現在進行形の移住計画も、あとは実現あるのみ！　沖縄に移住したら久しぶりにダイビングをするんだ！　元気になるんだ！　一歩一歩、移住計画を進めていくつもりです。移住前からこうして友だちができ、そしていろいろとアドバイスを受けることができたのは、私にとって幸せなことだと実感しています。

（三〇代後半、女性、埼玉県在住）

◎予約終了後のお楽しみ――【沖縄メール便②】

これは、私が学生時代に春休みを利用して、沖縄の友人宅に二ヵ月滞在したときの話です。

演奏会〔クラシック〕のリハーサルのため、スタジオを午後一時から三時まで借りていました。予約時間かっきり一時に行ったら、声楽科の男の子がまだ来ていない。彼がその演奏会のまとめ役だったので、ずうっと音出ししながら待っていたら、来たのが三時一五分。

すでに三時からのスタジオ予約のバンドマンが脇で待っています。ちょっと怖そうな人なのです。「あーぁ、今日しか全体通しのリハーサルはできないのに」と思っていたら、二時間一五分も遅れてやってきたその男の子は何食わぬ顔で言ってのけました。

「さあ、今からやろう」

それから二時間、リハーサルをしたのでした。もちろん、次の予約のバンドマンはそれから二時間平気で待っていました。ぜんぜん怖い人ではありませんでした。もっとも、スタジオ運営はこれでいいのかと他人事ながら心配になりましたが……。

（二〇代後半、女性、神奈川県在住）

II

●観光客で賑わう国際通りとの合流地点(那覇市)

聞く

暮らすにあたり、まずクリアすべきことが仕事と住まいの確保。やりたい仕事、住まいのありようは人それぞれ。

ここでは、非常に限られた範囲ではあるが、仕事探しの際の考え方について、ヒントになりそうな話、賃貸住宅を探す際の留意点について各方面の方々に聞いた話を収録した。あわせて、生活上、あったら便利と思われる情報も添えた。

◎仕事探し・働き方のスタイル

県外出身者だからこそ求められる職もある!?

インタビュー◆白木つとむさん（ロフト575代表取締役）

仕事が少ない。失業率が全国平均の約二倍――。沖縄での仕事探しの話題になると必ず出る話だ。だが、そんな中にも「県外出身者だからこそ求められる仕事もあるはずです」と言うのは白木さん。それはどんな仕事なのか。なぜ、県外の人だからこそ求められるのだろうか。この視点からは、仕事探しにとどまらず、いろいろなヒントが見つかるかもしれない。仕事を探す前に踏まえるべきことも含めて、白木さんにお話をうかがった。

✹大前提――仕事は少なく、賃金も安い

――まず、仕事を探すにあたって踏まえるべき点は？

まず、一つ強調しておきたいことがあります。それは、沖縄では仕事が少ないということです。完全失業率※は全国平均の約二倍もありますし、平均賃金も全国で最も低い（巻末資料編参照）ことは踏まえるべきです。そのうえで、県外出身であることが逆に強みになる職もあるということです。もちろん働きかけかたしだいですが。

――では、県外出身者が求められているとお考えの仕事とは？

それは、観光産業が中心になってきます。観光産業のなかでもいろいろな部門がありますが、その中でも総務や企画、広報関係など、**ツアーの企画や段取りなどに関わるセクション**です。なぜならば、沖縄の観光産業が受け入れるのはおもに県外の人ですよね。ですから、彼らがどのような企画やイベントに興味を示すか、喜ぶかを感覚として知っ

【失業率】
二〇〇〇年二月分の完全失業率は、全国＝四・七％（厚生労働省発表）、沖縄＝八・二％（沖縄県企画開発部統計課）であった。次頁表参照。

沖縄県内 完全失業率の推移 調査の開始が昭和26年12月から（国は昭和21年）

年	完全失業率（%）	年	完全失業率（%）
昭和32年平均	1.9	昭和54年平均	5.4
昭和33年平均	1.1	昭和55年平均	5.1
昭和34年平均	1.2	昭和56年平均	5.4
昭和35年平均	1.0	昭和57年平均	4.9
昭和36年平均	0.8	昭和58年平均	5.8
昭和37年平均	0.7	昭和59年平均	5.2
昭和38年平均	0.7	昭和60年平均	5.0
昭和39年平均	0.5	昭和61年平均	5.3
昭和40年平均	0.7	昭和62年平均	5.2
昭和41年平均	0.5	昭和63年平均	4.9
昭和42年平均	0.5	平成1年平均	4.4
昭和43年平均	0.5	平成2年平均	3.9
昭和44年平均	0.5	平成3年平均	4.0
昭和45年平均	0.8	平成4年平均	4.3
昭和46年平均	1.0	平成5年平均	4.4
昭和47年平均	3.0	平成6年平均	5.1
昭和48年平均	3.5	平成7年平均	5.8
昭和49年平均	4.0	平成8年平均	6.5
昭和50年平均	5.3	平成9年平均	6.0
昭和51年平均	6.3	平成10年平均	7.7
昭和52年平均	6.8	平成11年平均	8.3
昭和53年平均	6.0		

沖縄県企画開発部統計課

海岸沿いのリゾートホテルにて（沖縄本島西部）

ている人がよいわけです。

――企画・広報は、具体的にどのようなところにありますか？

リゾートホテルでは、観光客の嗜好《しこう》に合わせていろいろなイベントを催したり施設をつくったりしています。たとえば無人島ツアーを企画したりマッサージ室をつくったり。また、それを宣伝するためのパンフレットもつくります。ですから、企画を立てて実施することに加えて、**広報活動**も重要です。このような仕事はテーマパークにもありますよ。また、これらはアルバイトではなく正社員が行うものです。

付け加えると、近年では県外からの観光客への対応だけでなく、台湾や韓国を中心とする海外からの観光客への対応も大切になってきています。いまはまだ団体旅行が中心で、内容も一般的に観光客がまわる場所を中心としたコース設定のツアーが多いです。でも、今後リピーターが増えてくれば、彼らの嗜好も多様化してくるはずです。沖縄の観光業界にとっては、そうした状況にいかに対応するかも今後ますます重要になってくるでしょう。

――民宿、ペンションなど、ホテル以外の宿泊施設についてはいかがですか？

民宿・ペンションだと、夏場・ゴールデンウィークなどが繁忙期にあたり、ふだんより多くの人手が必要になります。「オバァ、オジィ※しかいないから、夏場の二、三ヵ月間だけ手伝いが必要」といった具合に。ですから、民宿やペンションは、どちらかといえば**長期滞在しながら働きたいという人**向けのアルバイトが多くなりますね。繁忙期には、ある程度の需要があります。こうした民宿やペンションのアルバイトは離島でも多いです。

このように、ホテルと民宿、ペンションはまた別ですね。先ほどのホテルでの企画・広報の仕事は正社員としての就職の話です。

【オバァ、オジィ】
それぞれ「おばあさん」「おじいさん」の意味。一般的に使われる、親しみを込めた呼び方。

――ホテルの従業員に占める地元の人と県外出身者の割合はどちらが高いのですか？

従業員は地元の人がほとんどです。そのうえで、できれば県外から来る観光客への対応のために、県外出身の従業員もほしいわけです。私がテレビや雑誌の取材などでリゾートホテルへ行くと、どうしても担当者は広報か企画の人になります。それで名刺交換をすると、県外出身者がかなり多いです。苗字ですぐにわかりますし、その場で聞くと、「じつは仙台出身です」「大阪出身なんです」ということにしばしばなります。

これはある程度、ホテル側が戦略的にやっているとみていいと思います。県外からの観光客の嗜好がよりわかる人が必要だということで。もっとも、「県外の人募集」といった募集のしかたはしていないと思いますが。

――テーマパークはいかがでしょうか？

これも同様に、企画・広報部門が必ずあります。そして大きなテーマパークには職員に県外出身者がよくいますし、現地の人の場合でも、県外の人の意見を聞いてよく嗜好をリサーチしています。テーマパークの企画・広報の場合もアルバイトというよりは就職の話になります。

アルバイトの場合はシーズンがあります。テーマパークはどちらかといえば下半期（一〇～三月）のほうが需要があるんですよ。上半期（四～九月）の観光客は海が目的である場合が多いですから、テーマパークにまったく行かないわけではありませんが、下半期よりはやはり少ない。上半期は二、三名のグループが中心なのに対して下半期は団体や修学旅行が多くなってきます。

ちなみに、求人にあたって県外の人と地元の人への対応の違いはとくにないと思います。ただ、就職活動の際に現地の人と同じように現地で面接を受けるとしたら、県外の人の嗜好をよく知っていることが面接上での強みになってくると思います。

――ある程度県外の人が相手の仕事となると、お土産屋もそうですね。

これはあくまでも個人的に思うのですが、観光客にいかに買わせるか、という感覚は、県外の人のほうが相対的に良い場合が多いような気がします。購買意欲をそそるのがうまいですね。たとえば客本人だけでなく、「お子さんがいるんですか。お子さんには、こういうものも喜ばれますよ」と、プラスアルファをつけたりするでしょう。

それから、土産屋でも大手のショッピングセンターのようなところですと、やはり企画・広報部門がある場合もあります。ここでは売り方だけでなく、どのような商品にすればより喜ばれるか、売れるかといった、**商品構成についての感覚**、**知識**も大きなポイントになってくるでしょう。たとえば琉球ガラスの工芸品などでも、現地の人が意外に思うような加工を施した商品やデザインが、観光客に受けることもあるからです。

結局、お土産屋も含めた広い意味での観光関連の仕事では、県外の人の感覚がわかるということが一つ大きなポイントになってきますし、就職活動をする側からみれば、それが武器になると思うんです。

琉球ガラス

――ダイビング・インストラクターはいかがでしょうか？

需要は上半期（四～九月）が中心です。働き手としては県外出身者のほうが多いですね。というのも、ダイビングは外から持ち込まれたという要素が強いからです。

現地の人は、もともとはあまりダイビングをやっていませんでした。沖縄では、海は生活のための資源を得る場、生産の場として見られてきた傾向が強いと思います。ですから、復帰前はアメリカ兵の一部が休日に潜っていたという程度で、ダイバーが増えてきたのも復帰後のことです。

復帰後、沿岸にホテルがたくさんできてきました。また、二〇年ほど前でしょうか、本土でダイビングブームがありました。その後、沖縄の海が認知されてきて、県外のダイバーが沖縄に来て海に潜り、そしてとりつかれて住んでしまったというケースが多いのです。ですからダイビングに関しては、県外の人が来て沖縄にいついて、その後に来る人を迎え入れるといった循環がありますし、県外出身者によるダイビングサービスは本当に多いです。それを見て沖縄の人が、「自分たちでもできる」と考えて、それらに続くかたちでダイビングサービスを自分たちでつくったという順序になると思います。

もっともダイバーの場合、上半期に需要が比較的多いとはいえ、ライセンスを持っていることが絶対条件になってきますからね。それにダイビングサービスの場合は経営者の出身地とのつながりで従業員を集めることが多いと思います。

ですから、それでけっこう間に合ってしまいます。それに、下半期（一〇～三月）には仕事が減りますから、自分が持っている技術でほかにも何か仕事をするぐらいの気持ちで行ったほうがよいかもしれません。実際、昼間はダイビングサービスで働き、夜は餃子屋をやっているという人もいます。

――沖縄の産業構造の特徴として、データ上では建設業も大きな産業の一つと言えそうです。建設業の需要もけっこうあるのですか？

あると思います。湾岸工事とか道路とか。そのあたりになると、本当に人が足りない場合、県外の人だからダメという意識はまったくないはずです。要はどれくらいの期間働けるかなど、条件の話になってきますからね。ですから県外出身者だからこそ、というのともちょっと違いますけれどね。

また、社員としての求人というよりは、本当に孫請けぐらいのところへアルバイトで行くような感じになるでしょう。日本全体がそうであるように、若い人がいわゆる３Ｋの仕事を敬遠する傾向にあるのは沖縄も同じです。ですから、その意味ではチャンスが多いと言えるかもしれません。

✹アイデアを生み、仕事をつくる

――仕事が少ないのだったら自分で作ってしまおうという発想の人もいます。これについてはいかがですか?

個人的には、その発想こそ大切なのではないかと思っています。なぜなら、県外から沖縄に行く人自身の生活の糧になるだけでなく、もともと沖縄に住んでいる人にとっても役に立つノウハウがいろいろと出てくると思うからです。

たとえば、沖縄でウニが採れるところがあります。ですが、沖縄の人はウニをそれほど食べませんし、食べる習慣があまりありません。一方で本土の人の間では、ウニはけっこう人気があります。そのことは沖縄でもだんだんと知られるようになってきました。

私は沖縄でウニを実際に自分で採って、食べてみたことがあります。採ったばかりのものだったので、生ぬるくて変な味がしました。そこで、中身だけとって、民宿で「冷蔵庫に入れておいてください」とおかみさんに言って、次の日に食べたら身がしまって結構おいしかったです。

それでも北海道のものなどには負けるはずです。だったらウニをたとえばウニ飯にするなど加工して二次的な使い方をすればいい。そういった発想をどんどんもてば、いろいろな可能性が開けると思います。

このことはラーメンについても言えます。沖縄でも最近ラーメン屋が増えてきて、若者の間ではだいぶ認知されてきています。ただ悲しいのは、現地の人が就職で県外へ出ていき、東京のラーメン屋で何年か修業を積んで沖縄で店を出してラーメンをつくっているわけです。

私は、ラーメンがちょうど認知されてきたところですし、せっかくだから**「沖縄ラーメン」**という発想でやればいいと思うんです。たとえばチャーシューを三枚肉※に変えたり、沖縄の野菜を入れたり。あるいは「もずく※※ラーメン」とか。立派な「沖縄ラーメン」になるかもしれません。長年そう思って、ことあるごとに言い続けてきたものです。

ですが、どうやら「沖縄ラーメン」が実現しそうな雲行きですね。二〇〇一年三月から横浜ラーメン博物館に登場していた「沖縄ラーメン」を出す店で修行を積んだ沖縄の

【三枚肉】ラフティー（豚の角煮）などに使われる豚のバラ肉。

【もずく】日本で消費されるもずくの約九割は沖縄産といわれている。

人が、沖縄に帰って出店する動きがあるようです。「沖縄ラーメン」のようなものは沖縄に移住する人にとっても良いし、地元にとっても食文化が広がるわけですから、すごく良いことだと思います。

沖縄では若い人たちが沖縄料理を食べなくなってきていると言われていますが、それをくい止めるためにも良いと思いますし、沖縄の素材を使ったものですから、けっして沖縄の食文化を崩すわけではなく、むしろその崩壊を止めるものだと思います。それに、「沖縄ラーメン」は沖縄だけではなく、県外でも受け入れられていくのではないでしょうか。

このように、これから沖縄に住もうとしている人は、沖縄でこれをやったらヒットするのではないかということを自分で考えれば、ビジネスチャンスが結構あるかもしれません。沖縄には素材がたくさんあります。それらを二次的に使う方法を考えていけば、沖縄にとっても新しい文化になっていくはずです。

✹沖縄を知る

――ところで、就職試験の際に縁故は重視されるのでしょうか？　会社に身内がいたり、知り合いがいることで、全然違ってくるという話も聞きますが。

それは、会社の規模や業種によって変わるでしょう。中小の場合は大きいだろうと思います。大手は関係ないのではないですか。でも、沖縄以外でも地方に行けば縁故による採用はけっこうありますからね。ただ、知り合いがいることは就職においてたしかに有利にはたらくとは思いますよ。

――県外で就職活動をしてから移住するのがいいか、あるいはとりあえず移住してからするのがいいか、どちらでしょうか？

生活するお金と時間的余裕があるのであれば、沖縄に行ってから現地の求人情報誌などでじっくり調べて就職活動したほうがよいかもしれません。ただ、やりたい仕事によっても違ってきますね。たとえば伝統工芸をやりたい、あるいはホテルで働きたいといった場合で、具体的にどこで働けるのかがわかっていれば、県外で就職活動をしてからでもよいと思います。

わからない場合や、さしあたって何でもよいからアルバイトをするといった場合は、沖縄へ行ってから就職活動をしたほうがよいのではないでしょうか。時間や生活する余裕を考慮したうえで。

——最初から沖縄でこれをやりたい、こういう仕事をやりたいから行くというパターンと、とにかく沖縄に住むことそのものが第一の目的で、それから仕事を探すというパターンとで、仕事を探すスタイルもまた少し違ってくると思います。

憧れて沖縄へ行くなら、仕事探しの前にまず踏まえておくべきことがあります。それは、沖縄のことをある程度理解して行くべきということです。県外から沖縄に行けば、**食生活も含めた文化、生活習慣**など、さまざまな面で違いを感じるはずです。

具体例を出したほうがよいですね。沖縄にはのんびりした雰囲気がある、人々は陽気でちょっとはにかみやのところもある——こうしたことはさまざまな本にも書かれています。

たとえば、東京では交通機関がストになると、普段とは違うルートを使ってでも何とかして職場へ行こうとしますよね。到着がたとえ昼過ぎになろうとも、行くことに意義があるといったようなところがあるでしょう。これが沖縄では「では休んでしまおう」ということになります。

東京ですと、電車が遅れているときも、その理由がアナウンスされないとすぐにイライラしがちですが、沖縄の人は良い意味でおおらかです。でも、県外から来た人がそれを知らずに出勤してしまうと、「なんだ！」ということになってしまいます。「俺は必死になって来たのに」と。

――プライベートではまだ我慢できるけれど、職場での習慣の違いは我慢ならぬというような意見が転勤族の一部のなかにはあると聞きますが、仕事のやり方の違いは大きいのですか？

これは慣れるか慣れないかの差ではないでしょうか。

たとえば**待ち合わせ時間**です。たしかにビジネス上では結構守られるようになってきました。「本土化」されてきているとも言えます。でもプライベート上で、ある時間にある場所で待ち合わせて酒を飲みに行こうということになって待ち合わせをすると、やはり遅れてやってくることが往々にしてあります。

でも地元の店側はそのことをちゃんとわかっているわけです。たとえば八時からパーティーを行う場合、べつに九時頃になって半分ぐらいしか参加者が来ていなくても店員はあわてません。あわてているのは県外から来た人です。

——沖縄は年中行事がけっこう多いようですが、それと仕事との関係はいかがですか？

それは家族との関わりの問題になってきますよね。**家族との関係**の大切さは会社側も知っています。ですから、本土だと休みにくいという場合でも、沖縄だとべつに休んでも大丈夫ということもあります。家族との関係については、会社はわりと寛容だと思います。

——休日や残業に対する考え方はいかがですか？　お酒のつきあいは？

休日や残業については、業種によって違いがあると思います。

お酒のつきあいはある程度多いと思います。たとえば営業の関係で取引先と飲む場合、担当者によっては一度飲みにいけば取引はほぼ決まります。だめなときは最初からいっしょに飲みにはいきません。この点は、たとえば東京ですと、だめでも「せっかく誘ってくれているのだから」と考えて、いっしょに飲みに行くことが往々にして多いでしょう。

沖縄の場合、いっしょに飲みにいくということは本当に仲間と認めた証拠です。飲めない人は少々しんどいかもしれませんが。もっとも、飲めなくても無理に飲まされるわけではありません。せっかくですから、飲めなくても食べているだけでいいですから同席したほうがよいでしょう。

ちなみに、飲むときはとことん飲むことが多いです。東京だと「終電に間に合うように」と思いながら飲むと思うのですが、沖縄はそうではありません。現地の人はそのような説明のしかたをしますが。

とにかく、**ライフスタイルや生活パターンの違い**は念頭に入れたほうがよいです。たとえば、職場でのおやつに天ぷらが出てくることもあります。また、お酒を飲みにいく際にも、一度家に帰ってシャワーを浴びてから行ったりするので、各々の来る時間がばらばらだったりします。

沖縄には**「テーゲー」**という言葉があります。「だいたい」「おおまかに」といった意味の言葉ですが、これは沖縄の良いところでもあります。ルーズと言えばそうも言えますが、おおらかです。

感謝の気持ちを忘れずに

――そのほかに、これから沖縄へ行く人に心得ておいてほしいことはありますか？

かつて、本土資本のあるリゾートホテルで、地元の食材を活かした料理を出すといった話がありました。ところがその後、地元のある食材を使わなくなってしまいました。理由はそのホテルの料理人が、食材の形や色などに不満を感じたからでした。県外のものとは違う、と。形がいびつだと感じたそうです。

ですが、これはあくまでもその人の感覚です。地元ではいつもそれを食べて、おいしいと感じているわけですし、地元の農家も「せっかくつくったのに」と感じます。料理人のほうも、簡単に使えないと言ってしまうのではなく、それを使って料理をつくるのも一つのプロの仕事であるはずです。そして、食材をつくる側も努力する。**お互いに理解しあい、歩み寄ること**が大切です。

沖縄ならではの野菜もならぶ市場

また、移住にあたっては、ある程度何をしたいかがはっきりしている人でも、**段階的にステップを踏む**ことになる場合があります。

たとえば、伝統工芸をやることが目的なのだけれど、すぐには仕事がないとします。その場合、ないから諦めるのではなく、まず何か別のアルバイトなどをして、段階を踏んで目的に進んでいくこともあります。そのなかで仲間が増えてくるはずですから、人を紹介してもらっていくことになるでしょう。

目的に向かう場合、このような方法もあるわけですが、そのときに、目的を達成したからといって、その過程を過去のことにしてしまわないでほしいのです。もし目標に到達したとしても、やはりプロセスがあるわけですから。沖縄の人はとくに親切ですから、人を紹介してくれたりします。そのような人たちのことはいつまでも忘れないでほしい。感謝の気持ちがないと、「なんだ、本土の人は」ということになってしまいます。目標に到達するまでの過程でお世話になった人たちへの感謝の気持ちは、いつまでも忘れないでほしいですね。

白木つとむ（しらき・つとむ）一九五〇年、東京生まれ。「ロフト575」代表取締役として、沖縄を中心とした旅行代理・雑誌編集・広告代理業務をしつつ、沖縄移住に関するアドバイザーもしている。

◎同じ校歌、同じダンスで――【沖縄メール便③】

私はかつて、夏の間に波照間《はてるま》島※の民宿で住み込みのアルバイトをしたことがあります。波照間島には小学校と中学校がひとつずつあります。島で生まれた子どもは必然的にみんな同じ学校で九年間過ごすことになります。その子どもの親も、おじいちゃん、おばあちゃんも同じ学校を卒業しているという例が多いのです。ですから、三代、四代にわたって同じ学校の校歌を歌うのです。この校歌には「校歌ダンス」と呼ばれる踊りがついています。島の人はほとんど踊れます。

ある日島の人の集まりに出かけると、中学一年の男の子が笛を吹き、お父さんが三線を弾いていました。定番の「安里屋ユンタ」※※や「十九の春」※※※で、それに合わせておばあちゃんとひいおばあちゃんが手拍子をしながら歌っていました。

そしてついに「校歌ダンス」のはじまりです。みんな立ち上がって踊りだすのです。親子四代が同じ曲で歌ったり踊ったりして楽しむことができる地域は、日本中探してもここ以外にはないと思います。音楽とわざわざ呼ぶのが奇妙なくらい、歌や踊りは島の空気の一部でした。

（二〇代後半、女性、東京在住）

【波照間島】石垣島から南西四二キロに位置する、日本最南端の有人島。竹富町に属する。サトウキビが主産業。南十字星を観測できる波照間島星空観測タワーがある。

【ユンタ】農作業や家普請、祭祀などに、男女交互に歌われる八重山古謡の一形態。恋愛、労働、航海、農耕、自然などいろいろなものが採りこまれている。「安里屋ユンタ」は、役人の賄婦となるより島の男と結婚し、貧しくても幸せな家庭をつくりたいという内容。

【十九の春】明治時代末、全国的に流行したラッパ節や、大正・昭和初期の与論ラッパ節、与論小唄を潤色してよみがえったはやり歌。

◎観光業への就職

これからの観光業の夢
エコツーリズムに注目！

インタビュー◆米谷保彦さん（専門学校講師）

多様な魅力をもつ沖縄。何に魅力を感じるかは、まさに十人十色かもしれない。いずれにせよ、沖縄への観光客は多い。沖縄に惹かれ、観光で来るだけでなく、今度は自分が沖縄の良いところをより多くの人に知ってもらうのに役立ちたいと思う人も少なくないかもしれない。米谷さんもそんなおひとり。彼に、沖縄で観光業の仕事につきたい人へのアドバイスをうかがった。お話には、彼自身が今後の沖縄の観光業に寄せる期待も感じられた。

✺どんな学校？

――まず、学校について教えてください。

生徒数は約一一〇～一二〇名です。二年前に「マリンスポーツコース」ができて以来、県外からの生徒さんが少し増えました。それまでは、お隣の鹿児島県から来るか来ないかというくらいでした。

県外からの生徒さんは、学校全体で一昨年、昨年と六名ずつ入学しています。「マリンスポーツコース」では一年目が一〇〇％県外、二年目も九名のうち六名でした。それ以外に、「ホテルコース」に沖永良部島《おきのえらぶ》（鹿児島県）からの生徒が一名います。そのほかのコースは、今のところ県内からの生徒のみです。

試験は基本的に面接のみで、特待生の場合は筆記試験と作文が加わります。卒業生の進路・就職については、おもに県内の旅行関係、空港のサービス関係、ホテルなどになります。県外の旅館などに就職した生徒も数名います。これまで、県外出身者という条件での求人はありません。その場合は、おそらく県外の専門学校をあたるほうが早いのでしょう。

ちなみにぼく自身は、東京で生まれて学生時代を北海道で過ごしました。そして、沖縄に移住してから就職試験で沖縄ツーリストを受けたのですが、その際には県外出身者としての目が面白がられたようです。実際のところ、県外から来た人が沖縄について気づくことはいろいろとあると思います。

✸これからの観光業

——沖縄の観光業界の中でこれからとくに需要が増えてくると思うところは何ですか？

エコツーリズム※ですね。やんばる※※や西表島では、村おこしの目的でエコツーリズムに着手し始めている自治体が多いですし、会社もいくつかできています。

現在、やんばるでは公共事業による自然破壊が進んでいます。それに、沖縄本島の東側を中心に海岸の埋め立ても進んでいます。北部で自然ガイドをやっている方が、「沖縄

【エコツーリズム】エコロジー（環境）とツーリズム（観光）を組み合わせた造語。自然環境との共存に配慮しつつ、その土地ならではの個性豊かな体験を通じて地域の特徴的な自然と文化を理解することを目的とした旅のスタイル。

【やんばる（山原）】沖縄本島の恩納村以北の北部市町村一帯を指す言葉。一四世紀ごろから使われてきた名称といわれる。自然の宝庫で、ヤンバルクイナ、ノグチゲラなどの希少動物も生息する。

やんばるでもめずらしい伝統的な民家

は海がきれいで自然も豊か。だからそれを目的で来る観光客もいるのに、海をどんどん埋め立てて人工のものを作っていって、本当にこれで大丈夫なのだろうか」とおっしゃっているのを聞いたこともあります。エコツーリズムが注目されているのには、そうした背景もあるのでしょう。

そこで、本校でも沖縄の自然や文化をもう少し深く勉強しようという目的で、来年度から新コースを設置します。それは「トラベルコース」をさらにパワーアップさせた「エコツーリズム・トラベルコース」で、県内の専門学校では初めての試みです。

沖縄の人が沖縄の文化を案外知らなかったりすることもあるので、**沖縄にある独特の自然や**

浦内川（西表島）

文化に関する知識をもつ人材を育成して、観光業界でそれを盛り上げていくことを目的としています。エコツーリズムは旅行会社の中ではまだまだ浸透が不十分だと思うので、その知識を持った若い人に入ってもらうことで、そうした現状を変えていければと思います。県外の人もけっこう面白く勉強できるのではないでしょうか。

　現在では、文部科学省をはじめさまざまな組織が寄り集まってできている自然体験活動推進協議会（CONE）のもと、「自然体験活動リーダー」※という資格ができています。私たちの学校の当コースで学べばその資格が取れるようにカリキュラムを設定したので、授業を受ければこの初級の資格は取れるようになっています。

【自然体験活動リーダー】自然体験活動推進協議会（＝CONE。自然体験の指導者を育てることを目的に八〇以上の団体を結集）が定めた共通カリキュラムを取り入れた研修を各団体が実施し、その研修を終了した者が得られる資格。各団体の資格を得ると「自然体験活動リーダー」初級（コーン・リーダー）として、団体の枠を超えて登録される。

もちろんこの資格を持って就職活動をする卒業生がまだ出ていないので、就職活動の際にどのような効果があるかはまだわかりません。ですが、沖縄でエコツーリズムが注目され始めていて、それに取り組み始めている旅行会社も出始めていますから、就職活動の一つの材料としてある程度、有効に働くのではないかと思っています。

ぼくも県外から

——生徒さんに、沖縄の観光業界に就職するにあたって、もっとこういうところに目を向けていってほしいということはありますか?

自然や文化など、沖縄はとても独特のものを持っています。でも、その良さに自分たち自身では気づいていない部分がまだまだたくさんあると思うんです。ですから、県外から来た学生が感じた沖縄の良いところを積極的に表現していくことで、沖縄にもともと住んでいる生徒たちがそれに気づいていくのはとても良いことだと思います。

たとえば県外から「マリンスポーツ」に入学する学生は、沖縄の海でダイビングがしたくて沖縄に来るわけですが、地元では海に潜ったことのない生徒がたくさんいます。そこで本校でも、「マリンスポーツコース」以外の学生が同コースの授業を選択して受講できるようにしました。今まで興味がなかったとしても、じっさいに海に潜ってみることで、沖縄の海の良さ、ダイビングの面白さに気づくという効果が期待できるのではないでしょうか。

あとは、お店やホテル、空港などで、より良いサービスを提供できるようにということですね。

ぼくも県外から来たのですが、最初は言葉や生活習慣、生活のペースなどで、よくカルチャーショックを感じました。自分自身が沖縄にいちばん惹かれたのは、**生活の中に音楽や踊りなどの芸能が自然にある**ということでした。日常生活のなかでもほんとうに普通の人がいきなり三線《さんしん》※を弾きだしたり、数名で集まったときにも必ず三線を弾ける人、歌を唄える人、踊れる人がいたりして。

ぼくが沖縄に来たばかりのことですが、仕事が終わったあとに「じゃあ飲みに行こう」ということで、城《ぐすく》※※跡に酒をもって出かけました。そこでシートを敷いて、月の光が照る中で、三線を弾いて唄うんですよ。沖縄の人の遊び方ってすごいな、と思いましたね。

【三線】沖縄民謡には欠かせない中国伝来の楽器。伝来時期は一四世紀説、一五世紀後半～一六世紀説がある。その後、工夫と改良が加えられて現在の形となった。

【城】奄美大島から八重山諸島に至る琉球弧で一二世紀後半～一六世紀に構築された城。多くは見晴らしのよい丘陵地形に立地し、石塁、堀切などで防御された平場を有す。その数は三〇〇～四〇〇箇所といわれる。

三線が好きで沖縄に来る人もいるのではないですか。本校でも四月から三線が必修になりました。入学前から生徒の中でも三線を弾ける生徒は少なくて、数えるほどしかいないのですが、みんなけっこう熱心に練習しています。

「つながり」をつくる

――観光業への就職を目指す人にアドバイスを

沖縄県外には沖縄での就職希望者も多いようですが、身寄りのない状態での仕事探しはなかなか難しいことです。沖縄では人と人とのつながりを大切にするところがあります。ですから専門学校に入って勉強する中で、沖縄について学びながらつながりをつくっていくのも有効な方法の一つです。専門学校なら企業実習もあるし、求人も来ますからね。それに、海がすぐ近くにあるので実習も多く、マリンスポーツの仕事につきたい人にとっても良い環境です。

まず専門学校で学んでから就職となると、勉強期間が入ってしまいますが、沖縄で就職しやすくなるとは思います。就職はたいへんですからね。地元の方でも沖縄の大学を出てもすぐには就職できず、編入で本校に入学してくる方がけっこう増えてきています。就職のお世話は一生懸命しますので、断然有利になると思いますよ。

米谷保彦（よねたに・やすひこ）一九六八年、東京生まれ。北海道で過ごした学生時代に、旅行、研究などで世界各地を飛びまわる。一九九七年、かねてから惹かれていた沖縄に移住。一九九八年より国際ツーリズム専門学校講師。

◎「ここ」ではない「どこか」へ——【沖縄メール便④】

ぼくは、ある医療関連の仕事に従事していて、沖縄に住んで八年になります。沖縄に来る前は、仕事に愛着こそあったものの、職場やその業界にいる自分に漠然と限界を感じていました。それで、「ここ」ではない「どこか」に行きたい、という気持ちが強くありました。

そこで、最初は思い切って海外への移住を考えました。でも海外となると、資格やビザなどクリアすべき多くのことがありました。

あれこれ悩んだ末に、海外に行く足がかりとして沖縄の米軍基地で働こうと思い、一年間の研修にやってきました。

ところが、その一年間がぼくを完全に「沖縄病」患者にしてしまったのです。基地の外で生活してナマの沖縄と接するうちに、沖縄そのものから離れられなくなってしまい、研修期間が終わっても沖縄に住み続けました。NAHAマラソン※に出たり、ダイビングを始めたり。

そうしているうちに、沖縄の風景を彩る原色のコーラルブルーは、ぼくの視界が求めていた色だということに気づきました。そして、やわらかでやさしい琉球旋律は、聴く

【NAHAマラソン】那覇市などの主催で、一九八五年から毎年一二月に開催されている。近年では、参加者は二万人を超える。

ほどにぼくの心に今まで感じたことのない安らぎを与えてくれるようになりました。

ある日、移住体験者が書いたある本と出会い、ぼくと同じ想いで沖縄に移り住んだ人たちが増えていることを知りました。そこで、そんな人たちと沖縄に対する想いを共有できればと思い、あるＷｅｂサイトの掲示板に書き込みをするようになりました。そこは、まさに「沖縄病」による移住者の溜まり場でした。

沖縄への移住希望者たちには、いろいろな疑問や不安を抱いていたり、周囲に移住への情熱を理解してもらえずに行き詰まっている人もいます。ぼくは、移住前の自分や移住してきたばかりのさびしかった頃を思い出して、彼らの質問に対して自分なりに答えてきました。そこでは、地元の人たちも親切に質問に答えていました。

こうして、移住者、移住希望者、ウチナーンチュ※たちが集まって、一つのグループに発展しました。

グループができてから一年。現在では会員は七〇名を超えました。「沖縄が好き」というキーワードのもと、年齢、職業、住んでいるところもさまざまな人たちの間で交流の輪が広がっています。

そして、何か困ったことがあったときに、それぞれの分野で協力しあったり、移住の準備のために沖縄に来る人たちを支援したりしています。


【ウチナーンチュ】

沖縄の人のこと。「ウチナー」は沖縄、「チュ」は人を意味する。

また、沖縄出身のメンバーがとっておきの場所に案内してくれたり、面白い店があればネット上で呼びかけて、そこでオフ会をしたり、ビーチパーティー※ではライブハウスで活躍中のメンバーが生演奏で盛り上げてくれたりと、じつに多彩です。東京在住のメンバーどうしで、沖縄料理店でオフ会をしたりもしています。

ぼくにとっては、いろいろな立場の人と接することで、自分が沖縄に来るきっかけとなった基地の問題や、沖縄の人たちの歴史観、沖縄からの海外への移民、沖縄での就職や生活のことなど、住んでみて初めて見えてきた「観光ではわからない現実の沖縄」を真剣に勉強する動機づけにもなっています。

（三〇代前半、男性、沖縄県在住）

【ビーチパーティー】おもに春から夏にかけて、海岸で家族、友人、会社ぐるみで開催されるパーティー。テントを張り、バーベキューなどを楽しむ。沖縄に駐留していた米兵のバーベキューパーティーを模倣したのがルーツといわれる。

◎自分で仕事をつくる

「オンリー・ワン」の発想で「沖縄」を盛り上げる

インタビュー◆喜納高宏さん（沖縄市TMOドリームショップ事務局）

「沖縄に仕事が少ないのならば、自分で仕事を作ってしまおう！」。そう考えている方も、けっこういるのではないだろうか。じっさいのところ、二〇〇〇年から沖縄市で行われている「ドリームショップグランプリ」にも、そんな思いを抱く人からの応募が多いそうだ。これまでに、どんな人たちから、どんな企画が寄せられたのだろうか。同事業に携わっている喜納さんに、お話をうかがった。明快で流暢な話ぶりが印象的であった。

商店街に活気を！

いま沖縄市では、北谷町などに大型ショッピングセンターができてきたこともあり、中央パークアベニューなどの商店街は客離れに悩まされている。そこで、商店街に客と活気を呼び戻そうという目的で「ドリームショップ・グランプリ」が企画され、二〇〇〇年に三度にわたって実施された。

これは、**ユニークな店舗の企画**を募集して、グランプリには賞金五〇万円を授与し、店舗の家賃を一年間保証するというもの。喜納さんによると、応募数は第一回目が二六件、二回目が二一件、三回目が二五件であった。

「問い合わせはもっとあったのですが、応募には覚悟がいりますからね。ですからみなさん本気で、ひやかしでの応募は一つもありませんでした」

応募者は会社員、学生、主婦など立場もさまざまなら、年齢、性別もさまざまであった。そして、その八割は沖縄県外からのもので、二〇〇〇年五月二九日に「東京新聞」で報道され、その後テレビでも紹介されるようになってから応募が増えてきたという。

中央パークアベニュー

「店を開きたいということよりも、何よりも『沖縄に住みたい』という動機の方がほとんどでした。沖縄には仕事が少ないですからね。それで、どうしようかと考えて、自営業に行きつく方もいらっしゃるようです」

選考の基準は何だったのだろうか。

「情熱とユニーク性、独創性です。ですから、採算性もさることながら、たとえ素人の視点であってもいいから、なるべく奇抜なものを重視しました」

✹オンリー・ワン

第一回グランプリに輝いたのは、ブラジル風サンバライブ居酒屋。

沖縄にはペルー人は多く、彼らの店もあるが、ブラジルの店は見受けられなかった。また、この応募には「コザ※にカーニバルを」という企画も盛り込まれていて、トータルでコザの活性化につなげようとする意図が感じられたこともあり、満場一致でグランプリに決まったという。

応募企画は飲食業が多かったものの、ユニークなものが多かったようだ。たとえば、沖縄には銭湯がないので「沖縄に銭湯を」という目的のもとフットバスとエアロビを組み合わせた「元気屋さん」。あるいは、オリジナル豆腐を製造して販売する店。予定メニューにはコーヒー豆腐、ゴーヤ豆腐、フレーバー豆腐などが並ぶ。

あるいはウインドウ・ディスプレイのアドバイス業、映画館とカフェを一体化させた店、ギャラリー・カフェ。変わったものでは、沖縄にはまだ鉄道がないことに着眼した「鉄道忘れ物市」。

惜しくも選考から漏れた応募者の中には、沖縄にどうしても来たくて、グランプリを受賞すれば享受できるメリットを受けられなくてもよいからということで、独自に店舗を展開した人もいた。その店は第一回目に応募してきた兵庫県在住のOLが開店した「雑食屋さん」である。すでに開店中で、素材を重視し、その日その日に入荷した旬の素材

【コザ】現沖縄市。一九七四年に旧コザ市と美里村が合併して沖縄市に改称された。現在でも、コザとも呼ばれる。

を生かした料理を提供している。事務局では、このような人たちの相談にも乗り、フォローをしてきた。

このグランプリ自体は三度の実施でひとまず終了とのことだが、二〇〇一年度は沖縄市タウンマネジメント協議会（ＴＭＯ）ドリームショップ事務局が主催して、対象地区を中央パークアベニューからさらに胡屋《ごや》地区商店街へと拡大したドリームショッププロジェクトを実施するという。

とにかく、「**ここに行かねばほかにはない**という『オンリー・ワン』の発想は魅力です」という喜納さん。沖縄移住をめざす方も、今後の動向に注目するとともに、これから紹介するお店の独創性を参考にしてみてはいかがだろうか。※

（文責・同時代社編集部）

喜納高宏（きな・たかひろ）一九六四年、沖縄市生まれ。一九八八年より〝Mr.スティービー〟としてデビュー。バンド、演劇などで活動中。沖縄市ＴＭＯドリームショップ事務局広報担当。

※第二回グランプリ受賞者は一身上の都合により辞退、準グランプリ受賞者は開店準備中（グランプリ受賞企画―オリジナル豆腐ショップ／準グランプリ受賞企画―ガラススタジオ&ギャラリー）

【第一回】グランプリ
受賞企画　サンバライブ居酒屋
店　　名　O・PEIXE（オ・ペイシ）
受　賞　者　加藤祐司さん（写真左）三六歳
業　　種　飲食店
オープン　二〇〇〇年九月
住　　所　沖縄市中央三―一―二五
電　　話　〇九八（九二九）三七一九
営　　業　午後六：〇〇～午前二：〇〇（日曜定休）

【第一回】準グランプリ
受賞企画　パンツ&スカート専門店
店　　名　HALLELUJAH（ハレルヤ）
受　賞　者　河崎吉宏さん　二八歳
業　　種　服飾販売店
オープン　二〇〇〇年九月
住　　所　那覇市中央一―一九―一〇
電　　話　〇九八（九三九）九八八三
営　　業　午後一：〇〇～午後八：〇〇（火曜定休）

【第二回】　準グランプリ
受賞企画　オリジナル香水の製造販売
店　名　かおりやドリームショップ
受　賞　者　田中久美さん（写真左）三七歳
業　種　物　販
オープン　二〇〇〇年一二月
住　所　那覇市中央三―一五―五
電　話　〇九八（九三九）〇九九〇
営業時間　午後一二：〇〇～午後八：〇〇（水曜定休）

【第三回】　グランプリ
受賞企画　ショウルームカフェ
店　名　ショウルームカフェ　e.coルーム
受　賞　者　平良安高さん（写真前列右）三一歳
業　種　物販及び飲食店
オープン　二〇〇一年四月
住　所　那覇市中央一―三六―一三
電　話　〇九八（九三九）〇九九八
営業時間　午前一一：〇〇～午後一〇：〇〇（木曜定休）

【第一回】 応募企画
※ドリームショップ関係店
店　名「雑食　油喰小僧」あんだくぇーぼーじゃー
氏　名　小倉聡子さん（写真左）三三歳
業　種　飲食店
オープン　二〇〇〇年一〇月
住　所　那覇市中央三―一三―一五
電　話　〇九八（九三九）六八六九
営業時間　午後五：〇〇～午前一：〇〇（水曜定休）

住居探しの基礎知識——注意するのはどんなこと？

ここでは、住居探しのなかでいちばん多いケースと思われる賃貸住宅探しの場合について、各方面の方々に聞いた話をまとめてみた。

よく耳にする「家を借りる際には、必ず沖縄県民の保証人が必要になる」「浴槽なしでバス・トイレいっしょの物件が多い」は本当？　仕事探しと住居探しの兼ね合いは？　みなさんが情報を収集するうえで、ひとつの参考にしていただければ幸いである。

不動産会社の側からみると

「沖縄県民の保証人がほしいという大家さんが、けっこういらっしゃるんですよ」

現地の不動産会社の一つ、A不動産の仲地部長は言う。ほかで聞いた話を総合しても、県民の保証人が必要という大家はやはり少なくはないようである。

では、借り手はこうした状況にどう対処すればよいのだろうか。

保証人の問題もさることながら、何よりもまず、賃貸契約は借り手に支払い能力があるかどうかがいちばん重要なポイントになることを念頭に置くべきだろう。保証人は部屋を借りる際には全国どこででも必要になるのだから。不動産業者も、まず最初は借り手の支払い能力の如何から確認するのである。

もちろん、支払い能力を判定する上で、依頼人が仕事をしており収入があれば、それにこしたことはない。だが、それが必要不可欠というわけでは必ずしもないようだ。

「ご本人ではなくても、ご家族が保証人になっていただけるようでしたら、うちでは基本的に対応しています。また、お話をしていくなかで、身内でなくても保証人になっていただける方がしっかりした方だと確認できれば対応可能です」

契約にたどりつくまで

支払い能力を確認したうえで、大家を説得することも多いという仲地さん。その甲斐《かい》あって契約にこぎつけることができるのは、どのくらいの割合なのだろうか。

「うちでつきあいのある家主さんでしたらほとんどです。うちはもう一四年目ですから、家主さんとの信頼関係はできています。『お宅が保証してくれるのならいいですよ』と。もっとも私たちも、入っていただいたら最後まで面倒をみるようにしています。そうでないと、信頼関係が崩れてしまいます。ですから、問題が起きたときは強く対応しています。一度問題が起こってしまうと、家主さんのほうも引いてしまいますからね。当社はお客様、家主双方の立場を考えて行動しています。自分たちも協力いたしますので、お客様のほうも可能な部分については協力していただきたいのです」

いずれにせよ、部屋を借りる際に保証人は必要となる。沖縄では基本的に保証人がふたり必要になる。仲地さんは、ケースによっては借り手の父親とともに、A不動産自身が一年間の限定保証ということで、加入料一万円で保証人になる場合もあると言う。

「一年あれば職場の方などとのつながりもできますしね。ご家族とうちとで一年間は保証しますから、その間にほかの方を探してもらって保証人を追加したらいかがですかと勧めたり。また、保証協会（後述）を利用したり、場合によっては県民の保証人が必要ではなく、ご家族おひとりでよいということもあります。いろいろな方法を取らせていただいています」

べつの不動産業者によれば、保証協会を利用してさらに県民の保証人を要求されることもあるという。一方で、それほどこだわらない大家もいる。それに加えて、近年では県外の業者もけっこう沖縄に入ってきていることもあり、**賃貸契約の形はあくまでもケース・バイ・ケース**のようだ。べつの見方をすれば、契約の形がそれだけ多様化してきているとも言えるのだろう。

なお、本稿では不動産業の一つの例として仲地さんにご登場いただいた。いずれにしても契約は個々で決めるものだから、当事者同士が納得することが前提だろう。

ところで、前出の「保証協会」ってなに？　と思った読者の方もいることだろう。保証協会といっても、民間の業者の一つである。そこで編集部では、保証協会の一つ、T

保証協会を訪ねた。

説明書にはこうある。「貸アパート、貸事務所、貸店舗を借りる方の連帯保証人を当社が引き受けます」「保証人がいない方、保証人を頼むのがきらいな方、保証人をふたり必要とされているがひとりしかいない方、この様な方々は当社へ保証加入料を支払い、連帯保証人受託契約を結びます」

沖縄への引越しを考えている人の一部ではその存在を知られつつある保証協会だが、それは県民の保証人を確保できない県外の人に対して保証人を引き受けてくれる機関という形である。たしかに先の仲地さんの話からも、そうした役割も果たしてはいる。だが、そもそもどんな理由で、いつ頃から登場してきたのだろうか。

五年ほど前からこの事業を始めたという代表の具志さん。県外の大手の保証協会もあるので、ビジネスとして成り立つと考えたのだという。だが、設立した理由は必ずしも県外の人の需要に対応するためではなかった。

「県内の人の中でも保証協会の需要は増えています。昔は身内ならまず保証人になったものですが、最近では県民相互でもアパートの保証人が頼みにくいといったケースが増えてきているんです。貸す側も滞納事故には悩ませられていますから。ですからうちの場合、保証人を引き受けているケースの七割は県内の人で、県外は三割です」

できたのはここ七、八年のことかな、と言う具志さん。私の取材した範囲では、沖縄で保証協会がいつ頃からでき始めて、現在では全部で何社あるのかまでは把握できなかった。

保証協会の利用者は増えており、不動産業者を通じての依頼が多いと具志さんは言う。ただ、県外の人からの依頼の場合、インターネットでその存在を知って直接依頼してくる二〇代前半の若者もいるそうだ。保証人のなり手を探すことを面倒と考え、人間関係のわずらわしさを避けようとする風潮とも関係があるのだろうか。

住まい探しの留意点

沖縄の賃貸住宅について一般的に言われているのは、ユニットバスで、浴槽がついておらずシャワーだけの物件が多いということ。これについてはどうなのだろうか。たしかに古い物件、安い物件についてはそうだと仲地さんは答えてくれた。その理由については、次のように自説を語ってくれた。

「狭い建坪の中で部屋をたくさん作りたいと考えたときに、では何を小さくしようかということで、浴室とトイレがそうなってしまったのではないかというのが自分の考えなんですがね。こうした物件は浴室とトイレがいっしょで、シャワーだけついて広さは畳一、二畳分くらいのものが多いです」

一方で、県外の人からは浴槽がついている物件を紹介してほしいという依頼が多いようだが、最近では**浴槽がついた物件**も増えてきているそうだ。これについては仲地さんも次のように説明する。

「最近では物件が増えてきて、入居希望者に対して物件が余っているという状況になってきているので、『どのような設計にすれば入居者が入るか』と考える家主さんも増えてきています。それに県外の業者が入ってきていることもあって、物件の傾向はだんだんと変わってきています」

浴槽の有無に関わらず、仲地さんは次のように念を押す。

「部屋を探す際には、必ずその物件を直接みて確認していただきたいです。物件を見ないで契約するという方もいらっしゃいますが、そうしていただかないと後でトラブルが起こる可能性もありますし、私たちにも不安な面がありますので。当社の場合、県外や離島から事前にご連絡をいただいて、飛行機の便を決めて空港まで迎えに行くこともあります。その際、ホテルは取っていただくことになりますが。それで、即ご案内いたします」

働く、住む どっちが先か?

読者の中には、とにかく沖縄へ行ってから仕事を探そうという方もいれば、仕事を確保してから沖縄へ行こうと考えている方もいることだろう。それは人それぞれのスタイルや就きたい仕事にもよるので、どちらがよいと一概に言うことはできない。

最近では沖縄に来てから仕事を探す人も多いようだ。その場合、もちろん短期滞在してその間に仕事を探すという方法も考えられるが、それ以外に方法はあるだろうか。

まず、マンスリーマンションを借りて仕事を探し、仕事が見つかったらアパートを借りるという方法がある。ある業者によれば、そのようなケースもたまにあるという。

それ以外では?

「うちの場合、ご家族に保証人になっていただけるようでしたら物件の紹介は可能です。

それでももし希望の物件への入居が無理な場合は、まず安い物件に入っていただいて、仕事が見つかって落ち着いてからまた探すという方法もあります」

就きたい仕事によっては、格安の宿に滞在しながら探すという方法も可能かもしれない。たとえば、那覇市には一泊一五〇〇円という格安のドミトリーがある（巻末資料編参照）。これらはある程度宿泊日数が増えると一日あたりの料金が割引になる。筆者は沖縄に滞在中、そのうちの一つである沖縄ゲストハウスに宿泊していたが、その間にも滞在しながら仕事を探している人はいた。

いずれにしても、沖縄へ行ってから落ち着いて仕事を探したいという方は、まず不動産業者に相談してみるのが無難かもしれない。

大切なことは

さて、これまで保証人の問題や物件の傾向などについての話を紹介してきたが、これはあくまでA不動産とT保証協会の例であり、他にもいろいろなサービスを提供する業者はいるものと思われる。

住居を探す際には、もちろん物件の傾向を調べたり、保証人の問題をクリアすることも大切である。だが、その前提として、自分がどのような人間かをきちんとわかってもらう努力をして、大家や不動産業者との信頼関係をきちんと築く姿勢が何よりも大切だと思う。そうすれば渡る世間に鬼はいない。まして沖縄には。

たしかに沖縄で賃貸住宅を探していた際に、「『県外から来た』とか『仕事はこれから探す』と言ったら物件の紹介を断られた」という話も聞く。だが、「『見知らぬ人』に部屋を貸すのは不安」という気持ちは、沖縄に限らず、あるいは人によって程度の差こそあれ、全国どこでも共通ではないだろうか。それに加えて、沖縄の場合は島であることもあり、県外から来た人にもし家賃滞納のまま帰られてしまったら、その回収が困難になると心配する人もいると聞く。だからこそ、先の姿勢はより大切になってくるのではないか、そう感じたのだった。

（文責・同時代社編集部）

狙い目は?――【賃貸こぼれ話①】

ここでは、那覇市近郊が職場となる場合についてみてみよう。那覇市内の物件の傾向についてては「たとえば、与儀《よぎ》、上間《うえま》あたりには、若い方にも家賃が手頃と思える物件も多いと思います。新しい物件が多いのは、おもろまちと小禄《おろく》あたりです」とA不動産の仲地さん。もちろん那覇市内だけでなく近隣の市町村、浦添市、宜野湾市、豊見城《とみぐすく》町、南風原《はえばる》町などにも物件は豊富。住環境、通勤時間、家賃の予算なども考え合わせて幅広く探してみてはいかがだろうか。

ちなみに、住む場所を選ぶ際には、職場への通勤時間を考慮することも必要となる。沖縄の場合、交通手段はバス、タクシー※、自家用車が中心になる。「車社会」とはよく指摘されることで、那覇市内は交通渋滞も多い。したがって、住む場所を選ぶにあたっては、こうした点と自分が利用する交通手段との兼ね合いを考慮する必要もありそうだ。

【タクシー】
沖縄のタクシーは、県外よりも初乗り運賃が安く、四五〇円前後。よく利用される。

外人住宅《アメリカンハウス》――【賃貸こぼれ話②】

沖縄の物件には「外人住宅」と呼ばれるものもある。これは、もともとは米軍基地内にあった住宅であり、現在では返還されて、一般の人に貸し出されているものである。その多くは一九五五年から六五年ごろに建てられたようだ。鉄筋コンクリートの平屋建てである。「夏は暑く、冬は寒い」との声も一部では聞かれるものの、そのしゃれた外観や建物の雰囲気、グリーンの芝生付きの広い庭、敷地面積などから人気を博している。物件のある場所は、浦添市、沖縄市、具志川市、石川市、北谷町、宜野湾市などである。

物件にはリフォームされているものからそうでないものまで、いろいろなものがあるので、探す際には自分の希望と照らし合わせるためにも下見はきちんとしたほうがよさそうだ。なかには、大家と相談したうえで、自分でリフォームして住んでいる人もいるという。

沖縄生活必需品――私の移住体験より

岡田清美

私が沖縄に移住してから一年が過ぎようとしている。今でも、フェリーを降り、初めて自分の車で那覇の街を走ったときの感動は薄れることなく心に刻まれている。「沖縄に住みたい！」と思ってしまったその日から、じつに四年の歳月を費やし、私は夢を実現させた。

移住までの道のりは当然ながら非常に険しかったが、それが刺激的で楽しくもあり、苦労したぶん達成感も倍増した。長年夢に見た沖縄での生活、いうまでもなく一年などあっという間に過ぎ去った。

癒しの音色

私の移住の目的は、三線修行だった。三線とは蛇皮線《じゃびせん》※のことだが、沖縄の人はそうは呼ばない。三線は沖縄の人々の生活とは切っても切り離せない琉球王朝からの楽器だ。どうやら、三線の音色には癒しの効果があるらしく、近年、本土でも大変盛んになってきているようで、この音色に魅了され移住した人を私は何人も知っている。

現在私は、国際通り近くにある三線店「ちんだみ工芸」で、お手伝いをさせてもらいながら、毎日三線に触れている。店にやってくる人は、ウチナーンチュ、ヤマトンチュ※※を問わず、たいてい三線に興味のある人なので、そういう人たちと交流できるのがとても楽しく、また刺激にもなる。

移住してみてまずわかったのは、沖縄は日本一の民謡社会かもしれないということだ。曲数の多さもさることながら、民謡歌手の多さに驚く。なにせ、正月番組には「沖縄民謡紅白歌合戦」「沖縄民謡東西歌合戦」などが名を連ねている。テレビで見る限り、会場には多くの観客がつめかけ、民謡の世界に酔いしれている様子がうかがえる。日常的に

【蛇皮線】「蛇皮線」については、三線にヘビの皮が使用されていることから、本土ではそのようにも呼ばれてきたようである。沖縄では「三線」あるいは「三味線」と呼ばれる。

【ヤマトンチュ】「本土の人」のこと。ヤマトは「本土」、チュは「人」を意味する。

もテレビやラジオ民謡番組が組まれているし、コンサートや民謡大会（のど自慢の一種）も多い。私の故郷では想像もできない光景だ。沖縄旅行に来て、三線の音色を聞かずに帰る人は珍しいのではないか。

特別な場所に行かずとも、路上で三線の弾き語りをしているお兄さんに出逢った人もいるだろう。げんに私の知人もやっている。どこにいても聞こえてくるのが沖縄の歌なのだ。こうしてあちらこちらで耳にしているうちに、いつしか三線の音色が心地よくなってしまうのだ。鼻歌まじりで店を見ていく人。前夜の民謡酒場の余韻を引きずって私のお店を訪れる人も少なくない。

私のお店では、ひとりでも多くの人に三線の素晴らしさを知ってもらおうと、無料で三線体験を実施している。三線の持ち方から始まって、爪《バチ》の使い方、工工四《クンクンシー》※の読み方などの基本を教える。早い人なら三〇分足らずで一曲弾けてしまう。体験者のほとんどは、「思っていたより簡単に弾ける」という。予定外の買い物をしていく人も少なくない。

じつは、私が沖縄移住を思い立ったのは、この「無料三線体験」と深い関係がある。初めての沖縄旅行のとき、無人島のビーチで、私は何気なく三線の音色を耳にした。曲はザ・ブームの「島唄」だった。二回目のとき、観光地に立ち並ぶ屋台で衝動的に三線

【工工四】琉球古典音楽の楽譜。音は漢字を使って表わされる。

を購入してしまった。三回目のとき、三線の弾き方を教えてくれる人を探すため那覇の街をさまよい、親切なお兄さんに出会い、簡単な弾き方を教えてもらった。

そして四回目の沖縄旅行。国際通りを歩きながら、「ちんだみ工芸」の看板と「三線無料体験」の文字を発見した。さっそく店に入った。と、なんと、そこにはあの親切なお兄さんが立っていた。恐ろしいほどの偶然に、私は運命のようなものを感じ、三線を本格的に学ぼうと決意したのだった。

出会いは、ときには人の一生を左右する。当時、私の生活はそれなりに安定していたが、それを捨ててもいいと思った。打ち込みたいものを見つけてしまい、それを温かくサポートしてくれるお店と出会ってしまったのだ。三線とこのお店、私の場合このどちらが欠けても移住は実現しなかったと思う。

移住して一年。沖縄での暮らしにもすっかり慣れたはずが、今でもときどき「なぜ私はいま、こんなサンダル姿で国際通りを歩いているんだろう」と思うことがある。ときにはカチャーシー※で場を盛り上げ、ときには情歌《なさけうた》※※でしんみりと人々の心に語りかける三線は、祭りにも宴にも、そして日常生活にも欠かせない楽器なのだ。沖縄を訪れたときには、ぜひ一度挑戦してみてほしい。

【カチャーシー】
「掻き混ぜる」の意。転じて民謡・芸能では早弾きの歌や乱舞の総称。「唐船ドーイ」「多幸山」「嘉手久」などの曲がある。

【情歌】
恋愛や別れの歌。

繁華街から一歩足を踏み入れれば、こんな古い民家も

沖縄にはまっている人ならなおさらだ。琉球音階の魅力を肌で感じてもらいたいのだ。自分で奏でる三線の音色に自身も癒されながら、周囲の人をも癒していけるという素晴らしい時間を体験してほしい。

何世紀もの間、すたれることなく沖縄とともに在り続けた三線、こんな時代だからこそ癒しの音色が求められる。

そして、これから先もずっと人々の心をとらえて放さないのだろう。

これが私の必需品

こんな私が、一年を通して感じた暮らしの必需品について紹介したい。思いつくまま挙げてみよう。

日焼け止め……沖縄の日差しの強さは尋常ではない。肌を守りたい人なら当然一年を通しての必需品だ。私は日焼け好きの人間だが、さすがに四月あたりからの日差しは肌に痛いので、せめて顔だけはガードするようにと心がけた。ちなみに、朝、雨が降っていたからといってガードを怠ってはならない。

沖縄の天気は非常に変わりやすく、天気予報もあまりあてにならないからだ。現に、私は「朝の雨」に油断し、顔を焦がしたことがある。恐るべし、沖縄の太陽。

傘……もちろん日よけ・雨よけ兼用が好ましい。とくに夏の沖縄は、強い日差しの合間にスコールがやってくる。その降り方たるやまさに集中豪雨なので、一瞬にしてずぶ濡れとなる。

が、直後に再び現れる太陽によってすぐに乾いてしまうので、傘を持たない人のほうが多いというのが現実なのだが。スコールを回避できるかどうかでその日の運勢も占えるし（?）、考えてみれば夏の沖縄はスリリングでおもしろい。

ただし、台風時の傘は不要というより無益に近い。強風にあおられ、あっという間に壊れてしまうからだ。私も何本壊したことか。

そこで出した結論が「台風時には外出しない」。ウチナーンチュにとってはあたり前のことらしいのだが。

黒糖※……沖縄ではお茶請けとして黒糖が愛用されている。土産店にも黒糖がおかれていることが多く、観光客でも一度は口にしているはずだ。ミネラルを豊富に含んだ黒糖は健康食品としても注目されているが、昔から沖縄の人々の必需品だったのだ。なるほど「長寿の国」であるのもうなずける。

そのほか、風邪をひいたときに、熱いお茶に黒糖を溶かして飲むと効用があるとのこと。しかも、これがなかなか美味しい。

というわけで、移住当初「砂糖を食べる」という行為に抵抗があった私も、今では家に二、三種類の黒糖を常備している。

強力殺虫剤……わざわざ「強力」という文字をつけたのにはわけがある。沖縄に生息するゴキブリ※※は巨大。しかも生命力が強い。アパートに出現したゴキブリに対し、ふつうの殺虫剤で戦いを挑んだ私は、ガス漏れ警報機を作動させてしまった。それほど彼らは強いのだ。それゆえ必需品とするならあえて「強力殺虫剤」と表記した

【黒糖】
サトウキビの絞り汁を煮詰めてつくる。近年ではパイン、ハーブなどの風味のついた商品も開発されている。

【ゴキブリ】
沖縄の言葉では、ヒーラー、トービラー（沖縄本島）、クームヤ（宮古島）とも呼ばれる。

い。

虫と暮らす心……家庭への訪問者はゴキブリだけではない。ドアの開閉時にものすごい素早さで家に入り、そこを棲家とする「やもり」も忘れてはならない。彼（?）が初めてわが家にやってきたのは、移住して三ヵ月ほど経過した頃。脱衣所で彼を発見したときはさすがに驚き、さっそく知人に相談した。が、答はいちように「そっとしておきなさい。虫も食べてくれるし、人には危害を加えない。仲良くなればチュッチュッチュッチュって鳴いてかわいいものさ」。

たしかに、家の守り神である「やもり」は一家に一匹の必需品なのかもしれない。しかし居心地が悪かったのか、一ヵ月も経たないうちに彼は家出をしてしまい、それっきり。

べつに快適な棲家を探したのだろう。というわけで、いま現在、わが家には風呂場に吸盤のついた「やもり」がおかれ、家庭を守っている。

渋滞知らずのスクーター

さてもう一つ、じつは本当に私が必需品と考えるものはスクーターである。沖縄の交通事情は他県とはだいぶ違う。電車は走っていない。バスは時間どおりにやってこない。となると、必然的に車社会となる。さらに、「石を投げればタクシーに当たる」くらいタクシーが多い。主要道路の渋滞は避けられないのが現実だ。渋滞緩和のため、近くモノレールが整備されることになっているが、これもまだしばらく先のことだ。では自転車はどうか。健康のためにも、経費削減のためにもお勧めだが、これはあくまで近距離の場合に限る。夏の暑さと冬の強風を考えると、ほんの少しの坂道でさえ相当の体力を要する。

そこで、登場するのがスクーター。車社会のなかでいちばん幅を利かせているのはスクーターかもしれない。とにかく渋滞知らず。車の間をすり抜けて、いつも信号待ちは最前列。那覇市などへ出かける場合は、駐車料金もばかにならないが、その点スクーターなら問題解決だ。天気のいい日は風を切って走るのがとても心地よく、税金も年間一

沖縄、ある夏の風景

〇〇〇円と格安だ。まさにいいことづくめ。
とはいえ、難点もある。まずは、盗難が多い。スクーター購入時、私が店の人にまず言われたことは「自賠責保険の証明書は家に置いておいたほうがいいですよ」。たしかこの証書は携行義務があるはず。それでも置いていた方がいい？それほど盗難が多発するらしいのだ。なるほど、ほとんどのスクーターは、U字型の頑丈な鍵をタイヤにつけて駐輪している。
もちろん私もその日のうちに鍵を購入し、盗難に備えた。だいぶ脅されたせいか、鍵を買っている最中も、盗まれやしないかと気が気ではなかったのを思い出す。幸い、私の愛車は一年間盗まれることなく過ごしているが、盗まれたら最後、分解されてしまうらしいので再会は難しいそうだ。

メット選びは慎重に

フルフェイスのヘルメットも意外と重宝する。沖縄は一年を通して気温が高いこともあって、九割以上の人が半キャップのヘルメットを着用している。もちろん私も、半キャップを購入するつもりでいたのだが、たまたま引越しの餞別としてフルフェイスのヘルメットをもらったのでそれを使用することになった。

夏場はたしかに暑いのだが、ひとたびスコールに出くわすと、顔が痛いほどの雨を受ける。そうなると目を細めて運転しなければならず大変危険だが、かといってそこで止まるとさらに濡れ続けることになるため、多くの人は目を細め、歯を食いしばって走り続けることになる。その点、フルフェイスはしっかりと顔や髪を守ってくれるので安全だ。

そのうえ、虫除けとしても効果を発揮することが判明した。走行中、意外と虫が顔にぶつかってくるのだ。とくに夜間はヘッドライトに導かれいろいろな虫が飛んでくる。

大声で歌でも歌っていようものなら、口に飛び込んでくるのだ。

そういえば、一度だけゴキブリがぶつかってきたこともあった。以来私は、どんなに暑くても、ヘルメットのバイザーを上げないように心がけている。このように、沖縄の交通事情と気候、それに虫事情を考えれば、自ずと必要なものが見えてくる。それが、スクーターとフルフェイスのヘルメットなのだ。

岡田清美（おかだ・きよみ）一九六九年、山梨県生まれ。全国行脚を趣味とし、各地を旅する中で沖縄と出会いハマる。その後の三線との運命的な出会いにより移住を決意。二〇〇〇年八月、念願の沖縄県民となり現在に至る。

◎恋の病——【沖縄メール便⑤】

「沖縄病」は恋の病に似ています。

ぼくは沖縄県在住の会社員です。もともとの生まれは東京でしたが、学生時代はここで暮らしていました。入りたい学部の関係で、たまたま沖縄の大学に入ったのですが、卒業したら東京に戻るつもりでした。

しかし、すっかり「沖縄病」にとりつかれてしまい、卒業したときは本土に戻る気にはなりませんでした。そのとき自分はウチナーンチュになれるに違いないと思っていました。

だが、挫折は意外に早くやってきました。もともとぼくは人づき合いが苦手の方です。でも案外、誘われると断れない気の弱い人間なのです。夜、飲みに誘われる。ホントは行きたくないのだが、強く言われれば出かける。

すると相手は、どんどん自分の中に入ってくる。誤解を与えたぼくが悪いのですが、そのうちに沖縄が嫌いになりました。とにかく沖縄の人はお節介なのです。人がいいといえばいいのですが、それが度を超している（と私には感じられました）。また、金銭にルーズ。おごってくれることももちろんあるのですが、ぼくがキープしたボトルがカラになっていたときはアゼンとしました。

私はとうとう沖縄が大嫌いになり、東京に舞い戻りました。そして、バイトを始めました。東京の人間はプライバシーを尊重してくれます。アパートの一室で久しぶりの静かな夜をレコードを聞きながら過ごしました。一年ぐらい続いたでしょうか。もう沖縄のことは思い出さないだろうと思っていたのに、ときどき物思いにしずんでいる自分を発見するようになりました。

なにやら恋に陥っていた時期が懐かしくなってきたのです。病の復活です。そのときの恋はホンモノでした。矢も楯もたまらず、気づいたときは沖縄行きのキップを手にしていました。

何で心変わりをしたのかですって？　その辺が自分でもよく分からないのです。強いてあげれば海でしょうか。いや、何でもいいのです。今度は夜の誘いはイヤなときはちゃんと断ろうと思っています。

アバタもエクボ、そう、学生時代のぼくの「沖縄病」は燃え上がった「一過性」の恋でした。今の恋はホンモノと思ってます。

そんな体験をした自分ですが、この本の読者に自分が自信をもって言えることを二つ、三つ申し上げます。

一つは、失恋を恐れるな、恋に燃えよということ。一度ぶちあたってみよ。悶々と思い煩っているだけでは何ごとも始まらない。

二つ。相手のことを知って下さい。恋の礼儀ではありませんか。どんな生い立ちの人なのか、どんな親がいて兄弟姉妹がいるのか。

三つ。相手が沖縄のどこに住んでいる人なのか。つまりあなたが移住しようとする場所はどこなのか。一口で沖縄といっても沖縄は多様です。

沖縄には「愛のブレーカー」（抜け道）がありますから、そんなに心配しないで下さい。大丈夫です。どういう意味かって？　テーゲー（アバウトな）の世界なんです。相手がどう思っているか、くよくよ考えるのがヤマトンチュの悪いところです。

（三〇代後半、男性、沖縄県在住）

III

●民家の軒先にて（竹富町）

知る

移住者、移住希望者たちは、沖縄の人々からはどう見えるのだろうか。どう感じているのだろうか。

ここでは沖縄からの情報発信に携わる二人の方にお聞きしてみた。

地元からみた「移住」①

あなたも沖縄県民になれるよ 当事者感覚でふるまおう

インタビュー◆新城和博さん（ボーダーインク編集長）

「東京に移住する」。日本人がこう表現することはほとんどないのではないか。でも「沖縄に移住する」とは言われる。よくよく考えてみれば不思議だ。なぜなのだろうか、しばし立ち止まっていっしょに考えてみませんか？　近年、沖縄移住者・移住希望者が多いことをどう感じるか。本書を制作する編集部としても、ユニークなコラムも執筆しつづける新城さんにはお聞きしてみたかった。

✵「引越し」から「移住」へ

――近年、沖縄への移住希望者が増えているように感じますが、どう思いますか？

沖縄に来ることが「移住」という言葉で語られるようになったのは一九九〇年代に入ってからだと思うんです。ぼくは、最初はかなり冗談めいた感じで、雑誌で「沖縄移住」という言葉を使っていました。そのときは、あまりリアリティのある言葉ではなかったような気がします。それがいつのまにか普通の用語として定着して、ずいぶんといろいろな所で使われるようになったな、と感じます。

もともと、ぼくが学生時代以来、社会人になってからも、まわりには県外から沖縄に来る人はたくさんいて、べつにとくにめずらしいわけではありませんでした。一九八〇年代から比べても、引越してきた人の総数じたいがそれほど増えたわけではないという印象です。

ただ、沖縄に引越すことが「沖縄移住」という概念で捉えられるような状況は進んでいるのでしょうね。ぼくとしては、以前だったら「引越してきた」と言われたことが、昔「沖縄病」、いま「沖縄フリーク」という流れの中で、「沖縄移住」という言葉が出てきているような気がします。

一九九〇年代初頭に、宝島社から発行される沖縄に関する本の制作にぼくも関わったことがあります。最初に相談を受けたときには、新しい沖縄のガイド本のようなものを作りたいという話でした。ぼくはそのようなものにすでに飽きてきていたので、「たとえば沖縄に移住するという感覚の、半分だけガイド本のようなものを作ってみては」と言ったことがあるんですよ。その中ではハーフシリアスに「沖縄病から立ち直るには沖縄に移住してしまえばいいのだ」なんて書かれてましたよね。

個人的には「沖縄ブーム」を客観的に捉えるために、「沖縄移住」という言葉をわざと作り出すことで、沖縄が注目される現象について考えてみようと思ったのです。それがいまでは「沖縄」を客観視するための言葉ではなくて、主観的に使われる言葉になってきました。ですから、もうそれは客観的な指標にはならないのだろうな、と感じます。これはもともと沖縄に住んでいるぼくにとって、ということなのですが。

それぞれの理由

——沖縄への引越しが「移住」という概念で語られるようになったことについて、ご関心はありますか？

ぼくが編集人をしている「Wander」という雑誌でも、沖縄に移り住んだ人の手記や「こうすればあなたも沖縄に住めるかもよ。もしくは、よく考えた方がいいかもよ。の巻」といったコラムを掲載していました。つまり、わざわざ沖縄に来て住んでいた人は以前からたくさんいたわけです。

「Wander」

「Wander」を始めた頃は、引越し希望者が原稿を書きたいと言ってくることもありました。その頃は、男性は「引越したいと思っても無理だよな、仕事もあるし」という人が多かったのでしょうか、だいたいは来ませんでしたよ。この後、二〇代後半、三〇代前半の女性が仕事をやめてスッと引越してくるということがとても多かったです。

一九九〇年代の中頃までは、興味が沸くと「なぜ沖縄に来たの?」という質問を投げかけてみたものですが、いまはもう、来た理由にはとくに興味はわかないです。たしかに来る人の年齢、性別はさまざまですし、衝動的にポーンと来る人もいれば、かなり綿密に計画を練って来る人もいるようです。

でも、そこにはあくまでもそれぞれの個人的な理由があるだけであって、沖縄の人が考えているほどそこに何か大きな謎があるとは思えないんです。恋愛が本質的には個人的なものであるように、いろいろな人の話を聞いてもそれが恋愛方程式にはつながらないのと同じですね。

ですから、「沖縄移住」という大きな状況にはあまり興味がなくて、その中にいる一人ひとりの沖縄へ引越してきたときの気持ちや経過を聞くと、面白いと思います。でも一つ言えるのは、九〇年代にバブルが起こって、それがはじけたということが、「沖縄移住」に関係しているかもしれませんね。

変わる移住のイメージ

壁を彩るポップアート

——「沖縄に住みたい」ということが「移住」という言葉で語られるようになった背景には、何があると思いますか？

一九八〇年代以前は、「沖縄は日本とは違う」というメッセージは諸刃の剣でした。沖縄差別につながるのではないかということで、マスコミなどでも文化的状況を説明するときでさえ、そのような表現を思い切って使えない状況がありました。

ところが一九九〇年代前半の「沖縄ブーム」とともにポップカルチャーなどにも焦点が当てられるなかで価値変換が起こり、「沖縄は日本とは違う」という表現が普通に使えるようになりましたよね。そのことはけっこう大きいと思います。そのような沖縄からのメッセージがあったことで、その流れに乗って「沖縄移住」という言葉も肯定的に使われるようになっていったのだと思います。

一九七〇年代では、極端に言えば、それこそ完全に「ドロップアウト」「島流し」というようなイメージでした。ですから、沖縄に引越してくる人が数字の上で増えているかどうかということよりも、むしろ「移住」という言葉が当たり前のように使われるようになったという状況に着目すべきだとぼくは感じています。

県外から沖縄に移り住んでいる人にとっても、新聞、ラジオ、インターネットなど、いろいろなメディアを通じて声を出しやすくなりました。以前だと、沖縄でのカルチャーショック体験は、ともすれば沖縄の悪口を言っているように捉えられかねなくて、住んでいるとなかなか声を出しにくかったと思うんです。それが「沖縄移住」という言葉が使われることで、「沖縄は違う」という話も客観的なレベルで沖縄の人たちにとっても聞きやすく、そして受け入れられるような指摘になっていったのだと思います。

✵何かを捨てに沖縄へ……

――沖縄の何が移住したいという人たちを惹きつけていると思いますか？

ぼくとしては、沖縄の個々の要素に何か人を惹きつけるものがあるのではなくて、来た人が「なぜ自分の土地を捨てたのか」ということが気になります。なぜヤマト※がいやになってしまったの？　と。そのような気持ちが沖縄に来る人の中にそれぞれあるのではないかと。

一般論になってしまいますが、二〇代、三〇代の価値観の揺らぎのようなものを感じます。以前は出世コース、人生設計のコースだとみんなから考えられていたものが強固にあったと思うのですが、それが揺らいできている。「選択肢が増えた」という言い方もできますし、強固にあった価値観が揺らいできて、その振幅の中で、沖縄に移り住むことも選択肢の一つとして考えられるようになってきているのかな、とも思います。

それと、沖縄は「パスポートのいらない外国」といった言い方もされますよね。日本語が通じないところには引越せないけれど、どこか外国に行きたいという人のための「簡単に行ける外国」。そうしたメッセージに乗って沖縄に来る人もいると思います。「移住」

【ヤマト】
沖縄からみた「内地」「本土」の意味。

という言葉を使うわけですから、その人にとっては海外のような違いを感じるわけです。ぼくは、人間は行けるところまで行く、流れ着くというような、果てに行きたがる習性があると思うんですよ。それで、日本国内だったら沖縄じゃないですか。しかも暖かいので北海道よりも行きやすいと思う人もいるでしょう。

――では、「移住」ではなく何と表現すればよいと思いますか？

以前は、地元の者だからこそ、ある程度客観性をもった視点で本を作ることが、沖縄を表現しやすい方法だったんです。ですから、その目的で「沖縄移住」という言葉を使っていました。でも、今ではみんなが客観性をもって沖縄を語ることが増えて、それが普通になってきました。それと同時に、一方では「沖縄移住」が主観的に語られるようになってきて、それが客観性をともなわない言葉になってしまったので、もうあまり新鮮味を感じないし、あまり使いたくないんです。

ですから、ぼくは**「引越し」**でいいと思っています。じっさいのところ、沖縄でしたら引越しですよね。「移住」というならもっと果てに行って頑張ってほしいという気もします。それに、「移住」よりも「引越し」のほうが地元意識がより芽生えるような気もするので、個人的な希望としては、「移住」よりも「引越し」を使ってもらいたいです。いまはね。

でも、「沖縄に来たい」と言う人の多くは、その際に「沖縄に移住したい」と言います。これはやはり不思議な現象だと思います。一〇年前ならそのような言われかたはしなかったですから。〝沖縄移住本〟と言われるものもあって、けっこう売れていますよね。しかも、地元の人もけっこう読んでいます。地元で沖縄に関する本を作っている人間としては、ちょっと複雑な心境です。ぼくは「沖縄定住読本」を作っている人間ですからね。

「沖縄移住本」の功罪

――複雑な心境とは、具体的には？

地元の人が〝沖縄移住本〟をよく読むのは、基本的に沖縄のことが良く書かれていることもあると思います。誉められるのは地元の人も嬉しいですからね。でも、このような状況はやばいような気もしているんです。

沖縄はいろいろな問題を抱えていますが、それを薄めてしまうというのでしょうか。沖縄に来る人にとっても地元の人にとっても、良いところだけ取って何かが空っぽになっていってしまうのではないかという気がするんです。

沖縄に関する本について言えば、視点こそ画期的なものも見られるものの、内容自体はここ一〇年ほど、同じことを繰り返しているような気がするんです。コペルニクス的転回というか、価値感がぐるっと逆転するようなものはじつは出ていなくて、一〇年前のネタを違う角度でまとめ直しているだけのような気もします。

沖縄への提言にしても以前からずっと言われ続けてきたことですし、米軍の問題にしても地位協定の問題にしてもそうです。ですから、じつは同じようなことがぐるぐると回っているという気がします。普通に沖縄のことを考えれば、目をまわして当然なんですよ。

「沖縄移住」にしても、現象としてとりあげるのであれば次の段階に入ってこなければならないと思うんです。たとえば引越してきた人が沖縄の良いところを紹介するという段階が終わって、彼らが沖縄にどのような影響を及ぼしていくかということを自ら積極的に意識するわけです。

そして、沖縄をより良くするためにこういうことをすればよい、アピールすればよいという意見であれば、まずあなた自身が先頭に立って行動すればよいではないかと思うのです。当事者感覚で、普通の沖縄県民としてもっとふるまっていいと思うんです。自分から「私はナイチャー※だから」なんて言わないで。ぼくも「ウチナーンチュだからボクは」って言わないから。

沖縄のさまざまな状況はやはり政治にかなり左右されますし、厳しい立場に置かれています。そして、沖縄の文化などをアピールするにしても、もちろん沖縄からのメッセージなのかもしれないけど、日本政府などにとってもそれはとても利用しやすいメッセージで、政治に触れない部分であれば積極的にバックアップするわけです。そうした状況があることはかなり意識したほうがいい。

ですから、さきほど「やばい」という言い方をしましたが、それは沖縄の人自身がそれに気づかずに、沖縄の文化が認められる、面白い、よかったよかったと自家中毒に陥ってしまうような気がする。それはとてもつまらないことですよね。

【ナイチャー】日本の九州以北（内地、本土）出身の人のこと。

✵異なる沖縄観

──何かが空っぽになっていかないようにするためには？

最近とくに顕著なことですが、泡瀬《あわせ》干潟の埋め立て問題※や基地問題にしても、さまざまな運動団体の先頭に立って行動している若い人のかなりの部分は県外出身者です。一方で、そうした沖縄の根本的な部分を変えようとする動きに対するウチナーンチュの考え方がわからなくなってきているようにも感じます。ですから、そのようなところでヤマトから沖縄に来た人が目立っているわけですから、もっとさらに良い面で目立ってほしいです。

いちばんやばさを感じるのは、自分と同世代でもある三〇代の男性です。何をどう思っているのかがわかりにくいという感じです。もっと若い、一九九〇年代の「沖縄ブーム」を経て大人になった人たちは、ぼくらの世代などよりも肯定的に「沖縄」を感じていますよね。シンプルに「沖縄大好き」。我々の世代だと「沖縄大好き」は少し屈折した

【泡瀬干潟の埋め立て問題】現在、国と沖縄県が中心となり、リゾート拠点、港湾整備などを目的として、沖縄本島東側海岸にある泡瀬干潟埋め立て計画が進められている。それに対し反対運動も起こっている。泡瀬干潟は、自然保護団体の調査から、多様な海洋生物の宝庫であることも明らかになってきている。

米軍施設

言い方でしたし、その上の世代になると、沖縄が大好きだと言う人はなかなかいませんでした。それが今はもう当たり前のような感じになってきていますし、それは良いことじゃないかなと思います。

でも、沖縄が好きだということを前提に行動するようになると、濃密に沖縄を表現したいという気持ちが逆に薄くなってくるような気がするんですよ。それは世代的な特権ですから、ぼくは好意的に評価していますけど。

彼らは意識していないでしょうけれども、その世代の良いところだと思うんです。沖縄が好きだということを濃密に表現するのではなく、それを前提として行動している。上の世代の人たちだと、沖縄と自分が何なのかというところから表現を始める必要性がつきまとっていたのが、今はそうではありませんから。

ぼくのまわりも他府県から来た人は本当に多い。でも、出身が県外であったというだけで、今はふつうの沖縄県民だと思います。県民として住民として責任は一緒！　沖縄に移住してきた人だからどうのこうのということは、ぼくはもうないですね。

引越してきた人に対するつきあい方と沖縄で生まれ育った人に対するそれにしても、もう根本的に違わなくていいのではないかと思っています。まあ、この意見は、とても戦略的なんですけどね。

新城和博（しんじょう・かずひろ）一九六三年、那覇市生まれ。数々の書籍を手がけるほか、コラム・マガジン「Wander」編集長。著書に『うちあたいの日々』『太陽雨の降る街で』『ンパンパッ！　おきなわ白書』など。

◎四季にもチャンプルー？――【沖縄メール便⑥】

私は移住歴一年。カルチャーショックは数々ありました。その一つは「四季」の観念。本土では当然のごとく春夏秋冬があり、各季節に風物詩がありましたが、沖縄では……。九月七日、暦の上では「白露」。秋分前一五日にあたり、このころから秋の気配がやってくることになっています。しかし、翌朝の新聞を読み、私は固まってしまいました。

「朝の気温は二四・八度、少し冷え込んでいる」

えっ？　山梨県出身の私にはまだまだ暑いのだが。九月一五日、お世話になっている一家のお母さんが、突然「みかんの季節になったねえ」と一言。しかし、市場からの買い物袋にはなぜか桃も入っている。というわけで、わが家には実家から送られてきたぶどうを合わせ、三種類の果実がそろった。たしか、桃は夏、ぶどうは秋、みかんは冬が旬だったはず。それで私は思い出した。一月の晴れた日、汗ばむ陽気にTシャツ姿で、名護城跡の一面ピンクの桜を遠くに見ながら、すすきの道を走ったことを。まさに春夏秋冬を一瞬にして体感した瞬間でもあった。沖縄の代表的な文化は、チャンプルー文化。それは、季節の風景にもしっかりと息づいているのだ。

（三〇代前半、女性、沖縄県在住）

地元からみた「移住」②

ポイントは気楽に考えること　移住のための環境は年々良くなっています

インタビュー◆安村直樹さん（「うるま」編集人）

沖縄に住むために、少しでも多くの情報がほしい——。その期待に応えるべく、これまで特集を組んだりインタビュー「沖縄に住む」を連載してきたのが月刊誌「うるま」である。読者からの問い合わせも多かったという。そのなかで、編集部の方々は何を思っただろうか。移住にあたって大切なこととは？　編集人の安村さんにお話をうかがった。安村さんご自身は、近年、沖縄に住みたいと思う人が多いことを、どう感じているのだろうか。

✺希望者いろいろ

――「沖縄に住む」という特集をはじめたきっかけは?

「うるま」は県外の人をターゲットに据えて創刊の準備が始められたのですが、その過程で県外から来ている人の中に「沖縄に住み続けたい」という人が多かったようです。そこで編集部は考えたようです。いま県外へ発信する情報として何が欠けているか。それで創刊号を「沖縄移住」の特集にしたんです。同じ日本ですからそれほど難しいことはないはずなのですが、沖縄は文化や暮らしが違うということで、みなさん「どこに住んだらいいか」「仕事探しはどうすればいいか」などと、おっかなびっくりなんですよね。では、そのための情報を提供しようということになったわけです。それに、なぜこんなに沖縄へ移り住む人がいるのか、それを解明するためにもいろいろな人の話を聞いてみようと。

もっとも、沖縄に移り住む人たちは昔から多いんですよ。復帰直後には「帰農ブーム」

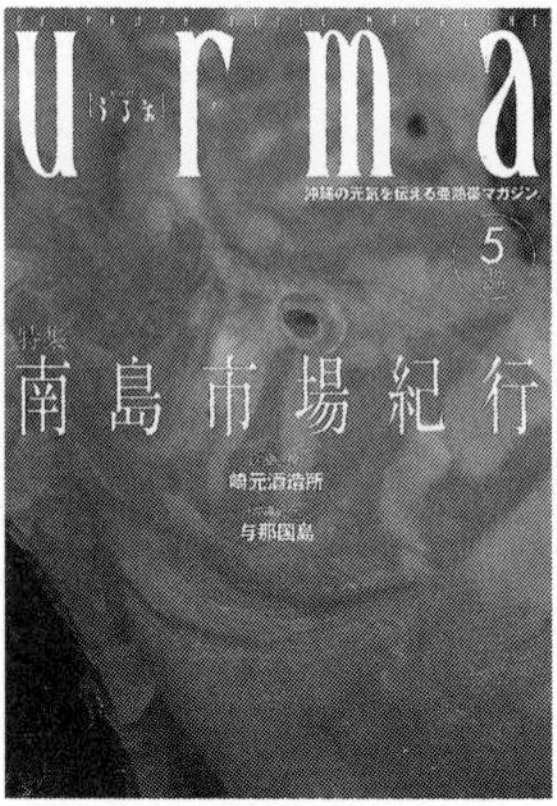

月刊「うるま」

もありましたし。最近はその流れとはまたちょっと違うと思いますが。もっとも、実際には「移住者」がどれだけいるのかが数字の上で正確に把握されているわけではないんですよ。たとえばUターン、Iターン、転勤、住所は移さないで長期滞在して二、三年で帰る。いろいろな人がいますしね。

創刊号（一九九八年一月）が出たのは、宮本亜門さんや池澤夏樹さんなど有名な方々が沖縄に来ていたり、ダイエーなど県外の大企業が沖縄に進出していた頃でした。それもあって、このころは「沖縄が好きで、とにかくも来てしまった」という若い人たちがそれほどいるとは思っていなかったそうです。

ですから取材対象も、しっかりと仕事をしている人、県外でもできる仕事を沖縄でしている人、言ってみればどこへ行っても仕事ができる人、移住に際して住居も仕事も心配しないですむような人でした。

ですが、創刊号を出した後に、多くの反響が寄せられました。それは「じつは私も移住を考えているのですが、何のとりえもないＯＬが沖縄で暮らしていけるのでしょうか」といったものでした。とくに目だった技術を持っているわけではない、言ってみれば普通の人々です。実際、私のまわりにも多いですし、そのような人が職場に入ってきたという友人の話もしばしば聞きます。

改善される環境

――沖縄へ移り住みたいという人からの問い合わせは多いですか？

とりわけ最初の頃は多かったようです。最近でこそ書籍※や雑誌などに移住の情報がたくさん出るようになってきましたし、インターネット上でも移住に関する情報を提供するホームページも出てきていますが、創刊号の頃はそうしたものがきわめて少なかったですからね。

毎日のようにメールを送ってくれていた人から「明後日から物件を下見に沖縄へ行くので情報をください」と言われたこともあったようです。私がいちばん驚いたのは、移

※仲村清司著『爆笑 沖縄移住計画』（夏目書房）など。

り住みたいという女の子のお母さんが問い合わせの電話で「どこに住めばいいか、どういう仕事をしたらいいか、紹介してもらえないか」とかなりこと細かに聞いてきたときです。

また、突然訪ねて来た人もいました。問い合わせの内容としては「このような物件はあるか」「家を借りる際の保証人はどうすればよいのか」「どのように就職活動をすればよいか」などです。質問には基本的に答えるようにしていたので、ほとんどカウンセラーのような状態でした。問い合わせしてくるのは二〇代の女性が圧倒的に多かったです。

私も編集に関わり始めてから、情報が少ないことをあらためて実感しました。基本的には東京や横浜に引越すのと何ら変わらないと思うのですがね。ただ、情報量の差なのでしょうか、へんな噂ばかりは知っているんですよ。地元の保証人が絶対必要だとか、沖縄の会社は県外の人を採用しないとか、とにかく閉鎖的だとか。そして、そのような話は本当なのでしょうか、とか。

でも、これらはひと昔前の話で、実際には迎え入れる環境は年々よくなっています。たしかに地元に知り合いのいない県外の人にとって、地元の保証人が必要ということはネックになりますし、渋い大家さんもまだ少なくはありません。ですが、ある程度手数料を払って保証協会を使うという方法もありますし、県外の人への対応を〝売り〟にしている不動産屋もありますよ。

そこの人によると、いやがる大家はたしかに少なくないそうです。沖縄の大家さんは借り手に対してまだけっこう優位に立っているんです。最近経営を始めた若い世代の大家さんはともかく、古いタイプの大家はまだ多いと、その人は嘆いていました。ただ、県外のアパート、不動産関連の会社もたくさん入ってきていて、それらがつくるアパートやマンションは入居がけっこう簡単なようです。

✵「計画派」と「衝動派」

――問い合わせの中で感じたことは?

綿密な計画のうえで来る「計画派」と、突然衝動的にやってくる「衝動派」、二つのタイプにきれいにわかれているな、と思いましたね。中には一度旅行に来て沖縄を気に入ったので引越してきたという人や、一度も来たことがないという人もいました。でも、それでうまくいっている人もいましたね。ですからどのタイプが良いのかはわからないですが。計画的に来るのは完璧に「沖縄フリーク」の人たちです。お金を貯めて、毎年何回かは沖縄に来て、そのたびに情報を仕入れて、一、二年がかりでやっと引越してくるんですよ。

でもその中には、自分が抱えている沖縄への思いが大き過ぎて、実際に来てみて挫折する人たちも少なくないようです。ただ、挫折の経過を取材したいと思って意見を募集したりインターネットで呼びかけたりしても、反応がないんですよ。

間接的に聞いた話では次のようなものがありました。その人はダイビングが好きで沖縄へ来たのですが、生活が合わなかったとのことです。でも、沖縄が好きで来た人の中にもきっといると思うんですよ。いやだろうと思う面もたくさんありますし、「いいかげんな沖縄の人とはいっしょに働けない」という人もいるみたいです。そういったことに直面してウツ状態になってしまったり。経緯にはいろいろなものがあるのでしょうが、帰っていく人の挫折の理由はだいたい「人間関係」と「仕事」だろうと思います。「衝動派」には、挫折ではなくて「もういいかな」といった感じで、飽きたから帰るという人が多いです。それは挫折というよりは次の場所を探すということなのでしょう。

もともと、いつでも帰れる、という気楽な気持ちで来ているということだと思います。石垣島へ行けば、キャンプ場に「テント生活一年目」というような人がたくさんいます。でも私はそのレベルでよいとも思うんですけれどね、迷惑さえかけなければ。たしかに、「あれだけ苦労して部屋を探したのに」と、ある不動産会社の方が嘆いていたのを聞いたこともあります。おそらく、文句を言われる人にはそれなりの理由があるのだと思います。でも、このようなケースは沖縄の人でも県外でもたくさんありますからね。

✵仕事あれこれ

――仕事探しについて感じたことは?

最初は県外の人を読者対象に考えて始めた「うるま」ですが、今は沖縄が四割、県外が六割くらいの比率です。そうなると、両方に向けた企画を考える必要がでてきます。それであらためて感じたのですが、沖縄の人は沖縄のことを案外、知らないんです。ですから、意外な反響があるんですよ。沖縄料理の特集をやると「初めてちゃんとした作り方を知りました」というような。

それで、二〇〇〇年一月号「島のお仕事」という特集の頃から、県内の人にターゲットを変えたんです。沖縄の人が知らないことならば県外の人はもっと知らないだろう、だから沖縄の人に役立つのであれば必然的に県外の人にも役に立つだろう、と。それで、まずは沖縄の人にもこのような仕事がありますよ、ということでこの特集を組んでみました。やはり反響はけっこうありましたね。

最初は沖縄の人に職場を提供しようという狙いもあって続々とできた**コールセンター**※ですが、実際には募集をかけてもふさわしい人材がなかなかいなくてたいへんなようです。（電話番号問い合わせの）「１０４」受付業務のような、ある程度研修を受ければ大丈夫なものはともかく、コンピューター関連ならそれに、証券関係ならそれにある程度強い人がほしいわけですよね。そうなると、ある程度は専門職に近い仕事ということになります。それこそ株関連など一歩間違えれば大変ですからね。

そうなると県内の人だけでは足りないので、最近では県外にも求人を出す会社もあるようです。給料もよいし休みもしっかりしているので人気はあるのですが、採用される

【コールセンター】電話やインターネットを通じて顧客対応を集中的に行う窓口。沖縄では、ＩＴ事業に対する行政の各種優遇措置もあり、コールセンターが相次いで設立された。

人が少ないと聞きました。ですから、人材を奪いあうようにして、説明会も一生懸命やっています。

ダイビング関連ですと、これはたしかな数字ではありませんが、ショップの約九割が県外出身者経営のようです。ですから県外からの人にはもっとも入りやすい世界です。それで、そこのスタッフとしてまた県外から人が来ますから、県外からの人はどんどん増えていきますよね。全移住者の半分くらいはダイバーではないでしょうか。そこから独立したり違う職に移る人もいますし。ただ、多少飽和状態気味のようで、夏のみのアルバイト採用という人もいて、その中には仕事が少なめの冬場になると別のアルバイトをしている人もいます。また、冬場は地元に帰って夏に戻ってくる人もいます。

ちなみに、座間味村《ざまみそん》※ではダイバーで人口が急増中です。那覇からフェリーで五〇分くらいで行けてしまいますし、天候が悪くさえなければ、みんなバスのようにフェリーを使って行ったり来たりするんです。ですからいわゆる離島苦があまりないんです。しかも、先駆者たちがたくさんいますし、仕事もダイビング、冬にはホエールウォッチング※※がありますから、ほかの離島に比べても苦労が少ないらしいです。もっとも、あまりにも人が急に増え過ぎて、住居が追いつかないと聞きましたが。

【座間味村】沖縄本島の西方に位置する慶良間諸島のうち、座間味、阿嘉（あか）、慶留間（げるま）の三つの有人島と無人島で構成される。ダイビング観光のメッカ。

【ホエールウォッチング】一月〜四月に、座間味島沖にザトウクジラの群が回遊してくる。

コンピューター関連など**手に職を持っている人**であれば、それほど仕事には困らないのですがね。

✹季節移住、ヘルパー移住、陶芸移住……

――個性的だと思った移住はありますか？

変わったところでは**「季節移住」**をしている人がいました。民宿で住みこみで働ける時期だけ来て、久米島※、渡嘉敷島、宮古島※※、石垣島と、毎年違う島を渡り歩いている女の子がいましたよ。五月から一一月くらいまで半年くらい住んで、それ以外の時期は地元へ帰ってお金を貯めていたそうです。賢いな、うらやましいなと思いました。住むところも仕事もいっぺんに見つかりますしね。身軽さの点でそういうことをしやすいのかもしれませんが、女性が多いですね。アルバイトでしたらたくさんありますし。

この**「島を渡る」**というのはみなさんに広めたいですね。小さな島では「給料は出せないけれど寝る場所と食べ物は提供するから、それでもよいならヘルパーとしてどうぞ」

【久米島】那覇市の西方一〇〇キロに位置する。主産業はサトウキビ、パイナップル、葉たばこなど。久米島紬なども。名所も多く、観光もさかん。

【宮古島】那覇市から三一五キロに位置する、宮古諸島の中心島。一つの杯を一座で順番にまわして飲む「オトーリ」や、全日本トライアスロン大会は有名。訪れるダイバーも多い。

竹富島の伝統的な民家

というところが最近増えているようです。彼らに話を聞くと、シーズンになると毎日のように電話がかかってくるそうです。「ヘルパーはいりませんか」と。それほどお金はかかりませんから、冬場稼いだお金を持ってきても、ほとんど使わずに帰れるそうです。

それと、**伝統工芸**がやりたくて沖縄に来た人の中では、陶芸がいちばん多いようです。最近では地元の人でも陶芸を始める人が多くなってきましたが、新規で入ってくる人の半分くらいは県外出身者のようです。沖縄の陶芸は生活雑器から来ているので、芸術的な点ではまだまだ未完成なものらしいんです。

あるとき、それまでやっていた有田焼や信楽《しがらき》焼《やき》などをやめて沖縄へ来た人にその理由を聞いたことがあるのですが、彼らは「芸術としてしか見てもらえず、自分にとってはがんじがらめに感じられた。その点、沖縄の工芸はまだ未完成だから、実生活で使う器としてこれから自分で作っていける自由さがある」と言っていました。

よくそんな思いきったことをしますねえ、と感じたこともあります。その人は年収一千万円クラスでした。そんな人が家族で沖縄に来て、月一二万円くらいでアルバイトをしながら暮らしているんです。「大丈夫ですか?」と聞くと、「いいんです、貯金がありますから。別に働かなくても大丈夫なのですが、働かないとボケますから」。お金を一生分貯めて、沖縄に家を建ててボランティア活動をしている人もいました。

✵沖縄の理想と現実

——沖縄の何が彼らを惹きつけていると思いますか?

たぶんイメージだろうと思います。自然環境や気候、人間性など。私も実際、東京に二年、その後転勤で名古屋に一二年住んだことがあるのですが、自分にとっては住みにくかったです。それで、沖縄がいいや、と思って戻ってきました。気楽さもあるのかもしれません。それと、日本ではあるけれども九州以北にはない自然や文化がある点が、何といっても大きいのでしょう。

でも実際には、旅行しているときに感じるやさしさと隣人としてのそれは微妙に変わってきますし、労働時間の長さと賃金の低さは日本で一、二を争っています。週休二日制もまだそれほど普及しているとは言えませんし、むしろ東京よりもっと働いているかもしれません。那覇は東京以上に交通渋滞がすごいですし。ですから「毎日遅くまで働いて、何しに沖縄へ来たんだろう」という言葉もしばしば耳にします。

もっとも、それで挫折感を感じて帰ってしまう人は少ないような気がします。せわしいのは那覇だけで、その気になればそこから逃れることができますからね。それに那覇にも面白いところはたくさんありますし、アジアっぽい雑然としたところが好きだという人もいます。

✵離島への再移住

――今後、本島から離島へ「再移住」する人も増えると思いますか？

それはあるかもしれませんが、その逆に、最初は離島へ行って、それから那覇に来る人もいるんですよ。どんなに自然環境が豊かでのどかなところが好きでも、それまでの生活環境とあまりにギャップが大きいと、ついていけなくなるようですね。都会の希薄な人間関係がいやになって濃密な近所づきあいを求めて移住しても、実際に身を置いてみると、つらいと感じる人もいるようです。

離島で話を聞いたことがあるのですが、外から来た人は、民宿などで体験できる、近所の人たちも集まってきていっしょに食事をしたり、わいわい騒げるような関係にとても憧れるそうです。ですが、それは客だからこそ体験できることですし、住民として地元の島の人たちと毎日向き合うとなると話はまた違ってきます。慣れるまでに三、四年はかかると聞きました。

それでも、努力して積極的に地元の祭事などに参加して壁を乗りきっていく人もいます。また、沖縄が好きな人にもいろいろいて、ある特定の島だけが好きという人もいるんですよ。そういう人たちは苦労しながらも長くいるようですね。

けっきょく、都会でもなく田舎でもない、その中間ぐらいだということで那覇を選ぶ人もいるようです。沖縄本島、とりわけ那覇は、人間関係が希薄過ぎず濃密過ぎず、ちょうどよい距離感なのかもしれません。それに車で簡単に横断できますから、東京ほど閉塞感もないのでしょうね。本島でも地域によってまた違ってくるとは思うのですが。それくらいを求めて安心する人もいれば、将来的には島に住みたいという人もいます。ですから**その人の性格しだい**ですね。いちがいにどこが良いと勧めることはできません。じつは、相談されていちばん困るのはこうしたことです。

ガジュマル

ですから、離島に住もうかどうかと迷っている人に対しては、とりあえずこれまでのような話をしたうえで、本島でワンクッション置いて感覚を慣らしてみてもいいのでは、とアドバイスしています。

✹ブームの行方

――移住の多さはいつまで続くと思いますか？

移住する人はこの先もずっと、ある程度はいると思うのですが、これだけ爆発的なのはここ数年ではないかという気がしているんです。「沖縄ブーム」的なものは何年か前にもあって、その都度、移住者も増えるようです。それで、そのようなときに来た人たちがいまだにいるかというと、帰る人は帰っていますよね。それに、ほかの県と比べて数字的にとくに多くはないと思うんです。北海道に移住している人も多いでしょうし、東京などもっといますからね。

いまの盛り上がりの中での特徴の一つは、**若い女性が多い**ということでしょうか。そうなるとそのまま定住する人もいるだろうし、そろそろ落ち着こうと思って帰る人もいるでしょう。一生を沖縄で、と思っている人はそれほどいないかもしれません。それくらい気楽な気持ちで沖縄に来ている人が多いと思うので。

私も東京へ行って、名古屋へ行って、帰ってきていますからね。たぶん、それといっしょでたんなる引越しだと思うんですよ。北海道に住みたいとか、一年間山奥でぼーっとしたいと思うことってあるじゃないですか。それを簡単にできる人たちが来ていると思うんです。

夫が、収入減のなかでどのような生活ができるのかチャートを作って「それでも子どもの教育環境のためには沖縄がいいんだよ。それを考えれば収入ダウンなんか何でもない」と妻を説得したすえにやってきた、とても計画的な家族もいます。一方で、気楽な気持ちで来ている人もいます。それでどちらが多いかというと後者が多いですよ。「計画派＝本気移住派」は一九七二年の日本復帰以降、ずっと同じレベルだと思うんです。それに加えて気楽に来ている人たちが増え、さらにダイビング人口の増加がそれに拍車をかけて、今のブームになっているような気がします。

与那国島※へ行ったときに、一年ほど住んでいるという若い女性に会いました。彼女は

【与那国島】沖縄本島から南西へ五二〇キロに位置する、日本最西端の島。台湾との交易も行われ、また、晴れた日にはその台湾が見える。世界最大の蛾・ヨナグニサンも生息する。

最終的には北海道に移住したいと言っていました。「何で与那国に来たの?」と聞くと、「たまたま」と言っていました。それで、北海道へ行くために一生懸命与那国で働いているると。でもいまの時代、日本全体でそのような気楽な若者は多くなっているんじゃないですか。完全に就職して、というのではなく、毎回来るくらいならアルバイトしながら沖縄にいればいいいや、というような。思いきりがよいとも言えますよね。

✹これからの沖縄移住

——長期的な傾向ではないと?

ただ、たしかにこれまでにないタイプの移住が増えているということは確かです。それは、わざわざ**安定した仕事をやめてまで来る人**です。若い人がやって来るのは全国どこでもいっしょだと思うのですが、転勤でもないのに家族で沖縄に移住してくるというのは、いままであまり聞かなかったような気がするんです。これが、沖縄移住が本当に広がってきているとわかる、いちばんよいタイプだと思います。妻と子ども、それに会社と、説得にすごいエネルギーを使うわけですよね。

これまでも転勤で来て沖縄が気に入ったのでそのまま住み続けるなど、なんらかの事情でというケースはあるわけですが、沖縄が好きで、とか沖縄で暮らしたいから、という理由であえて沖縄に来るという話は本当にあまり聞かなかったですね。「うるま」の創刊号からの定期購読者であったり、毎月はがきをくださるような方がいるのですが、その中にも「やっと沖縄に移住しました」という人が今年に入ってから三月の時点ですでに四人います。

その人たちはこの三年間、ずっと準備していたんです。それとここ二、三年の傾向としては、五〇歳以上の人が目に見えて多くなってきているような気がしています。子どもが手を離れたくらいの夫婦です。

沖縄に仕事があればもっと簡単に来るようになると思うんですよ。女性に比べると男性が少ないように感じるのはその点がネックなのだと思います。家族持ちだと給料が減ることを考えると生活の心配もあるでしょう。仕事の問題さえクリアできれば住むところはなんとかなりますからね。たぶん、移住する人は、数字的にはどんどん増えていくと思いますよ。そのための環境がどんどんよくなってきていますから。

それと、沖縄の強みはやはり、この気候や文化などの生活環境ですよね。沖縄本島の人でも離島で暮らしたいと思っている人はいるんですよ。

ポイントはとにかく「気楽に」ということですね。

安村直樹（やすむら・なおき）一九六五年、沖縄市生まれ。大学卒業後、東京、名古屋の出版社勤務を経て、一九九八年、沖縄にUターン。一九九九年より雑誌「うるま」の編集に携わり、現在に至る。

◎「猛獣・毒へび・爬虫類禁止」――【沖縄メール便⑦】

私はこれから移住しようと思っている者です。うちには一人息子（?）の猫がいます。ですから、沖縄でのアパート探しでは「ペット可」が第一条件でした。今は関東に住んでいますが、以前、住んでいた大阪でもそうだったように、犬・猫のペットにはとても厳しくて、なかなか「ペット可」の部屋もなく、隠れて飼っている人もたくさんいました。友人のなかには犬を飼ってるのが見つかり、退去命令が出たほどです。

そんななか、沖縄でのアパート探しを先日行いました。沖縄での友人たちに相談したところ、「ペットなんて内緒にしとけばいいんだ」「猫はペットではない」「そんなことを部屋探しの際に言う人なんていない」などなど、皆おおざっぱなのです。

そんなものなのかなと半信半疑でしたが、いざ契約書を見ると、「猛獣・毒へび・爬虫類禁止」とあるのです。ん？　「犬・猫・鳥類禁止」は見たことがありましたが、これは何？　友人たちの意見に納得。そうなんだ、あまり深く考えない方がいいかもしれない。猫は猛獣じゃないからいいか、といいように解釈しました。結局「猫がいます」とは申請しなかった私。まだまだ奥が深い沖縄だと実感した住居探しでした。

（三〇代後半、女性、埼玉県在住）

◎「部分移住」のススメ――【沖縄メール便⑧】

一九九九年秋、沖縄でのコピーライター募集の広告を見て、私はさっそく書類を送りました。が、一ヵ月以上音沙汰なし。こちらから何度か連絡をして、一二月に入ってようやく「一月初旬に面接をします」との返事がありました。しかし一月になっても連絡はなく「どうしたのかな?」と思っている頃、「一月最後の土曜日に面接をします」との連絡がありました。面接後、一週間後に結果連絡をしてくれるという話でしたが、やはりその後も音沙汰なく、こちらから連絡をすると、「もう少しお待ちください」とのこと。結局は不採用でした。この経験を経て、「沖縄は非常にゆったり、のんびり、マイペースのところだ」ということを実感し、万が一採用されて意気込んで出社しても、このんびりペースに適応できるのだろうかという不安がどんどん募ってしまいました。

今回はそんな感じで終わってしまった私の沖縄移住計画。今度は違う形の移住を実現したいと思うようになりました。名づけて「部分移住」。自分で仕事を持ちつつ別荘気分で一年の半分くらいを沖縄で過ごす。もしくは一〇人くらいで一軒の家を買って年に一、二ヵ月過ごすなどの形です。そして老後、隠居地に沖縄! これが今の時点での夢です。

(三〇代、女性、東京都在住)

あとがき

以前、当社で『沖縄で暮らす!!』を発行した際には、読者の方々から多くのお便りをいただいた。そこには、「じつは、私も沖縄移住を考えている」「参考になった」「ほかに情報が少なくて困っている」などの声がつづられていた。

なぜ沖縄に住みたいという人がそんなに多いのだろう。沖縄に何を求めているのだろう。沖縄の何が読者を惹きつけているのだろう。沖縄に行ってからは、どうしているのだろう。それが知りたくなった。そして、沖縄に飛んでいろいろな方の話を聞き、電話やインターネットなどを使ったやりとりもした。

その中で感じたことは、沖縄移住の動機、沖縄の何に惹かれるかは、沖縄に住みたいと思う人の数だけあるのではないかということだった。そこに何か一定の方向性がある、というのではなく。そして、「移住」というテーマをとおして、多様な沖縄への想いと、それを受け入れてしまう沖縄のおおらかさについて、少しでもお伝えできればと考えた。

本書の構成は、さまざまな方に聞いたお話、いただいたお便りを紹介することが中心となった。読者のみなさんにも、それぞれの生かし方をしていただけるようであればうれしい。

本書は、ここにご登場いただいた方々以外にも、さまざまな方々のご協力によりできあがった。ここにお礼を申し上げるしだいである。

なお、本書の編集にあたり、「I」以外のインタビューとその構成は、編集部の白取芳樹が担当した。

二〇〇一年六月

同時代社編集部（担当・白取芳樹）

登場者連絡先（登場順）

㈱ロフト575
〒一〇八―〇〇七四　東京都港区高輪三―一九―四八
電話〇三（三四四九）一九五五／FAX〇三（三四四九）一九八八

専修学校　国際ツーリズム専門学校
〒九〇二―〇〇六四　那覇市寄宮一―八―五〇
電話〇九八（八三二）二八一一／FAX〇九八（八三二）五〇二五
Eメール letter@tourism.ac.jp

沖縄市タウンマネジメント協議会（沖縄市TMO）ドリームショップ事務局
〒九〇四―〇〇〇四　沖縄市中央四―一五―二〇
電話〇九八（九二九）四二七七（担当・喜納高宏）／FAX〇九八（九三八）二七五五
ホームページ http://www.okinawacci.or.jp/dream/／Eメール dream@okinawacci.or.jp

㈲ボーダーインク
〒九〇二—〇〇七六　那覇市与儀二二六—三
電話〇九八（八三五）二七七七／ＦＡＸ〇九八（八三五）二八四〇
ホームページ http://www.borderink.com/／Ｅメール wander@ryukyu.ne.jp

㈲三浦クリエイティブ　うるま編集部
〒九〇二—〇〇六三　那覇市三原二—一五—一三—２Ｆ
電話〇九八（八三三）九〇五一／ＦＡＸ〇九八（八三六）四一四〇
ホームページ http://www.u-r-u-m-a.co.jp/／Ｅメール miura@ryucom.ne.jp

ご協力いただいた方々（五十音順・敬称略）

蘭　朋美（情報提供）
芹澤和美（情報提供）
鶴田陽子（情報提供）
東邦信頼保証協会（沖縄県那覇市高良三―二―一六）
仲村渠べん（写真提供）
濱田達彦（企画・取材協力）
比嘉康文（取材協力）
ビッグ開発（沖縄県那覇市曙一―一八―一）
福地曠昭（取材協力）
細渕まき子（情報提供）
マイク　インディー（企画・取材協力）

沖縄で暮らしてみた

2001年6月29日　初版第1刷発行
2002年8月30日　初版第2刷発行
編　者　　同時代社編集部
発行者　　川上　徹
発行所　　㈱同時代社
〒101-0065　東京都千代田区西神田2-7-6
電話03-3261-3149　Fax03-3261-3237
装　幀　　藤原邦久
印刷・製本　中央精版印刷株式会社

ISBN4-88683-439-6

資料編

統計からみた沖縄

平均気温

都道府県名	順位	平均気温（℃）	全国平均との差（℃）
沖縄県	1	22.4	7.8
鹿児島県	2	17.6	3.0
高知県	5	16.4	1.8
大阪府	6	16.3	1.7
福岡県	7	16.2	1.6
東京都	17	15.6	1.0
京都府	19	15.3	0.7
愛知県	22	15.1	0.5
広島県	25	15.0	0.4
全国		14.6	0.0
石川県	31	14.1	－0.5
宮城県	41	11.9	－2.7
長野県	42	11.5	－3.1
北海道	47	8.2	－6.4

最高気温

都道府県名	順位	最高気温（℃）	全国平均との差（℃）
京都府	1	32.9	2.0
大阪府	2	32.8	1.9
愛知県	6	32.2	1.3
鹿児島県	6	32.2	1.3
福岡県	11	31.8	0.9
高知県	13	31.7	0.8
石川県	24	31.2	0.3
沖縄県	25	31.1	0.2
全国		30.9	0.0
東京都	28	30.9	0.0
広島県	28	30.9	0.0
長野県	33	30.5	－0.4
宮城県	43	28.1	－2.8
北海道	47	28.1	－4.8

時期：昭和36年～平成2年平均
メモ：県庁所在地の観測値（但し、観測地が県庁所在地にない場合は他の観測地）。全国は都道府県の単純平均
資料：国立天文台「理科年表」（出所は気象庁）

最低気温

都道府県名	順位	最低気温（℃）	全国平均との差（℃）
沖縄県	1	13.6	13.8
鹿児島県	4	2.6	2.8
福岡県	5	2.5	2.7
大阪府	6	2.1	2.3
東京都	13	1.2	1.4
高知県	20	0.6	0.8
広島県	23	0.4	0.6
京都府	24	0.3	0.5
石川県	27	0.0	0.2
全　国		− 0.2	0.0
愛知県	29	− 0.2	0.0
宮城県	38	− 2.6	− 2.4
長野県	44	− 4.9	− 4.7
北海道	47	− 8.4	− 8.2

年間降水量

都道府県名	順　位	年間降水量（mm）	対全国指数（%）
石川県	1	2,593	160.3
高知県	2	2,582	159.7
鹿児島県	7	2,237	138.3
沖縄県	8	2,037	125.9
全　国		1,618	100.0
福岡県	22	1,604	99.2
京都府	23	1,581	97.7
広島県	26	1,555	96.1
愛知県	27	1,535	94.9
東京都	28	1,405	86.9
大阪府	33	1,318	81.5
宮城県	38	1,205	74.5
北海道	43	1,130	69.8
長野県	47	938	58.0

時期：昭和36年～平成2年平均
メモ：県庁所在地の観測値（但し、観測地が県庁所在地にない場合は他の観測地）。全国は都道府県の単純平均
資料：国立天文台「理科年表」（出所は気象庁）

都道府県別の人口と人口増加率

※上位20都道府県を抜粋

都道府県	平成12年国勢調査速報要計表による人口			
	総人口（1,000人）	人口性比（女100に対する男）	人口密度（人/km²）1)	人口増加率（平成7～12年）（%）
全国	126,919	95.8	340	1.1
宮城	2,365	96.0	325	1.6
茨城	2,985	99.4	490	1.0
栃木	2,005	98.7	313	1.0
群馬	2,025	97.4	318	1.1
埼玉	6,938	101.8	1,827	2.6
千葉	5,926	100.9	1,149	2.2
東京	12,059	99.9	5,514	2.4
神奈川	8,490	103.0	3,515	3.0
福井	829	94.3	198	0.2
山梨	888	96.8	199	0.7
長野	2,214	95.3	163	0.9
岐阜	2,108	94.2	199	0.4
静岡	3,767	97.2	484	0.8
愛知	7,043	100.2	1,366	2.5
滋賀	1,343	97.6	334	4.3
京都	2,644	93.5	573	0.6
兵庫	5,551	93.0	661	2.8
奈良	1,443	91.9	391	0.8
福岡	5,016	90.9	1,009	1.7
沖縄	1,318	96.6	581	3.5

10月1日現在。1）算出に用いた面積は、建設省国土地理院「平成11年度全国都道府県市区町村別面積調」による。ただし、一部の都道府県は境界未定の地域があるため、総務庁統計局において推定している。

資料　総務庁統計局統計調査部国勢統計課「国勢調査報告」「平成12年国勢調査速報要計表による人口」

都道府県別の転出入者数（平成11年）

※上位20都道府県を抜粋

都道府県	他都道府県からの転入者数		他都道府県への転出者数		都道府県間の転出入による転入超過数	
	総数	#男	総数	#男	総数	#男
全国	2,845,046	1,622,497	2,845,046	1,622,497	−	−
宮城	57,647	33,471	57,608	33,821	39	−350
茨城	60,326	35,166	60,890	34,760	−564	406
栃木	39,308	22,678	39,038	22,083	270	595
群馬	33,745	19,917	32,920	18,926	825	991
埼玉	185,035	104,956	180,993	101,871	4,042	3,085
千葉	180,330	103,329	168,533	97,231	11,797	6,098
東京	436,809	243,284	399,653	225,304	37,156	17,980
神奈川	249,648	143,452	236,960	138,672	12,688	4,780
福井	12,312	7,190	13,277	7,633	−965	−443
山梨	17,889	10,465	17,559	10,143	330	322
長野	38,647	22,362	37,939	21,435	708	927
岐阜	35,184	19,806	37,394	20,714	−2,210	−908
静岡	66,924	39,334	68,957	39,685	−2,033	−351
愛知	123,012	72,914	118,961	70,307	4,051	2,607
滋賀	32,492	18,817	27,769	16,356	4,723	2,461
京都	65,400	35,891	68,835	38,611	−3,435	−2,720
兵庫	123,476	68,206	112,616	63,980	10,860	4,226
奈良	36,728	19,206	36,757	19,807	−29	−601
福岡	117,726	67,358	113,426	65,905	4,300	1,453
沖縄	25,322	14,656	22,911	13,250	2,411	1,406

「住民基本台帳人口移動報告」による。
資料　総務庁統計局統計調査部国勢統計課「住民基本台帳人口移動報告年報」

沖縄県の市町村別人口社会増加率

1) (社会増加) = (転入者数) − (転出者数)

2) $\left(\begin{array}{c}\text{社会増加率}\\ \%\end{array}\right) = \left(\frac{\text{社会増加}}{\text{初期人口}}\right) \times 100$

平成10年

	社会増加率(%)	市町村数	平成10年 市町村名	9年市町村数
増加	3.0以上	2	渡嘉敷村(6.1) 座間味村(4.3)	0
	2.0～2.9	2	粟国村(2.5) 伊平屋村(2.4)	3
	1.0～1.9	8	恩納村(1.7) 竹富町(1.3) 読谷村(1.2) 西原町(1.2) 伊是名村(1.2) 玉城村(1.1) 渡名喜村(1.1) 与那国町(1.0)	9
	0.0～0.9	23	具志頭村(0.9) 宜野座村(0.8) 知念村(0.8) 大里村(0.8) 仲里村(0.8) 勝連町(0.7) 北谷町(0.6) 北中城村(0.6) 上野村(0.6) 名護市(0.5) 大宜味村(0.5) 東風平町(0.5) 具志川市(0.4) 沖縄市(0.4) 佐敷町(0.4) 石垣市(0.3) 中城村(0.3) 豊見城村(0.3) 南大東村(0.3) 与那城町(0.2) 東　村(0.1) 城辺町(0.1) 今帰仁村(0.0)	15
増減なし		0		0
減少	△0.0~△0.9	16	宜野湾市(△0.0) 浦添市(△0.1) 糸満市(△0.1) 伊江村(△0.1) 南風原町(△0.1) 石川市(△0.2) 国頭村(△0.3) 平良市(△0.4) 下地町(△0.4) 本部町(△0.5) 金武町(△0.5) 伊良部町(△0.6) 嘉手納町(△0.7) 与那原町(△0.7) 多良間村(△0.7) 那覇市(△0.8)	19
	△1.0~△1.9	1	具志川村(△1.6)	5
	△2.0~△2.9	1	北大東村(△2.6)	2

資料：沖縄県企画開発部「平成10年 人口移動報告年報」「平成12年 人口移動報告年報」

平成12年

社会増加率 (%)		市町村数	平成12年 市町村名	11年市町村数
増加	3.0以上	0		2
増加	2.0〜2.9	2	座間味村 (2.4)　上野村 (2.1)	0
増加	1.0〜1.9	5	竹富町 (1.7)　中城村 (1.5)　仲里村 (1.3)　金武町 (1.2)　下地町 (1.1)	6
増加	0.0〜0.9	27	伊平屋村 (0.9)　恩納村 (0.9)　具志川市 (0.7)　北大東村 (0.7)　南風原町 (0.6)　宜野座村 (0.6)　東風平町 (0.6)　沖縄市 (0.6)　具志頭村 (0.6)　勝連町 (0.5)　大宜味村 (0.5)　佐敷町 (0.5)　名護市 (0.5)　渡嘉敷村 (0.4)　浦添市 (0.3)　北中城村 (0.3)　伊是名村 (0.3)　石垣市 (0.3)　糸満市 (0.2)　読谷村 (0.2)　嘉手納町 (0.2)　与那原町 (0.2)　西原町 (0.2)　粟国村 (0.1)　石川市 (0.1)　大里村 (0.1)　豊見城村 (0.0)	24
増減なし		1	渡名喜村	1
減少	△0.0~△0.9	14	宜野湾市 (△0.0)　本部町 (△0.1)　玉城村 (△0.1)　平良市 (△0.2)　那覇市 (△0.2)　与那城町 (△0.3)　知念村 (△0.4)　南大東村 (△0.4)　具志川村 (△0.5)　城辺町 (△0.6)　北谷町 (△0.6)　東　村 (△0.7)　伊江村 (△0.7)　伊良部町 (△0.9)	15
減少	△1.0~△1.9	4	今帰仁村 (△1.0)　国頭村 (△1.4)　与那国町 (△1.7)　多良間村 (△1.9)	1
減少	△2.0~△2.9	0		3
減少	△3.0以下	0		1

都道府県別の有効求人倍率と月間総実労働時間数

都道府県	有効求人倍率 1)			月間総実労働時間数（時間）2)			#所定外労働時間数		
	平成7年度	10年度	11年度	平成7年	10年	11年	平成7年	10年	11年
全国	0.64	0.50	0.49	159.1	156.6	153.5	11.4	11.4	11.1
北海道	0.54	0.44	0.43	162.7	157.9	157.0	10.1	10.6	10.6
青森	0.39	0.29	0.34	168.0	165.0	159.8	10.7	11.4	10.3
岩手	0.85	0.53	0.51	165.6	160.9	161.6	11.8	10.3	10.8
宮城	0.78	0.55	0.54	160.3	161.8	156.5	11.6	13.2	10.9
秋田	0.76	0.54	0.51	165.4	164.7	161.5	10.2	10.2	10.6
山形	0.93	0.68	0.67	166.2	169.6	163.4	11.5	15.3	12.3
福島	0.81	0.53	0.53	163.1	160.4	158.9	11.7	11.3	10.7
茨城	0.70	0.60	0.54	160.1	156.5	153.6	13.9	12.8	11.6
栃木	0.87	0.68	0.66	163.5	160.8	155.7	12.9	12.9	11.6
群馬	0.83	0.64	0.69	164.9	160.3	157.8	12.9	13.4	13.3
埼玉	0.49	0.39	0.39	154.4	150.1	146.9	11.8	11.0	11.1
千葉	0.50	0.41	0.39	150.6	151.2	147.4	12.5	11.2	11.1
東京	0.54	0.48	0.49	157.0	156.4	151.1	11.6	11.6	11.3
神奈川	0.42	0.37	0.37	157.5	152.9	149.7	13.1	13.1	11.7
新潟	1.08	0.58	0.52	164.4	158.7	158.8	11.2	10.2	11.2
富山	0.94	0.60	0.59	161.1	159.4	155.9	10.7	10.4	9.1
石川	0.89	0.58	0.60	165.9	159.7	158.1	10.7	9.6	10.3
福井	1.22	0.83	0.94	165.7	159.4	157.7	9.5	8.9	9.1
山梨	1.14	0.91	0.88	165.7	158.3	160.7	13.7	11.7	12.4
長野	1.18	0.88	0.88	161.5	163.6	157.1	11.8	12.9	11.9
岐阜	0.93	0.76	0.74	162.9	160.7	159.8	11.0	11.9	11.2
静岡	0.90	0.73	0.69	162.0	161.2	157.1	12.2	12.0	12.4
愛知	0.67	0.61	0.57	158.7	157.8	154.8	12.6	12.8	12.1

1）新規学卒を除き、パートタイムを含む。
2）「毎月勤労統計調査」（常用労働者30人以上の事業所）による。常用労働者1人平均。調査産業計。
資料　労働省職業安定局雇用政策課「労働市場年報」
　　　労働大臣官房政策調査部統計調査第一課「毎月勤労統計調査年報（地方調査）」

都道府県	有効求人倍率 1)			月間総実労働時間数（時間） 2)			#所定外労働時間数		
	平成7年度	10年度	11年度	平成7年	10年	11年	平成7年	10年	11年
三 重	0.69	0.57	0.54	161.4	159.3	154.5	11.9	12.5	10.3
滋 賀	0.67	0.48	0.48	161.0	156.2	153.6	12.4	12.6	12.3
京 都	0.46	0.43	0.43	150.8	150.1	150.1	9.8	10.3	10.0
大 阪	0.49	0.36	0.39	156.2	153.6	152.0	11.2	10.0	9.7
兵 庫	0.50	0.37	0.37	154.2	153.5	152.0	11.7	10.8	12.4
奈 良	0.54	0.42	0.40	148.6	147.2	148.4	9.9	8.8	9.4
和歌山	0.63	0.50	0.48	158.5	157.7	158.6	10.6	10.4	10.4
鳥 取	1.06	0.86	0.85	163.4	158.4	157.4	9.3	9.1	9.1
島 根	1.08	0.85	0.77	164.3	158.2	160.0	11.2	9.3	10.4
岡 山	0.98	0.75	0.68	161.6	160.5	157.0	11.3	10.9	10.6
広 島	0.71	0.57	0.54	160.2	157.9	155.5	11.9	11.4	11.4
山 口	0.93	0.76	0.66	161.0	160.3	158.1	10.5	11.5	11.0
徳 島	0.70	0.60	0.60	161.0	155.9	156.1	8.8	8.3	7.6
香 川	1.23	0.88	0.75	160.6	157.2	156.4	10.6	10.1	10.0
愛 媛	0.84	0.70	0.64	164.1	161.2	152.1	11.0	12.2	10.4
高 知	0.47	0.38	0.42	157.1	157.2	154.6	9.4	9.7	8.7
福 岡	0.47	0.40	0.39	160.9	153.9	153.2	10.5	10.2	10.1
佐 賀	0.70	0.43	0.42	167.6	165.0	164.8	11.6	11.4	12.1
長 崎	0.62	0.41	0.38	163.0	164.8	158.1	11.4	12.6	12.2
熊 本	0.54	0.38	0.38	164.7	161.7	154.1	10.0	11.7	10.6
大 分	0.72	0.63	0.55	163.5	159.9	160.7	12.2	11.3	11.3
宮 崎	0.63	0.44	0.41	165.0	159.6	158.8	10.8	9.6	10.4
鹿児島	0.61	0.46	0.49	161.1	164.0	158.4	10.2	11.7	11.4
沖 縄	0.19	0.19	0.23	164.8	162.4	161.3	9.1	9.9	11.2

都道府県別の年齢層別採用時平均賃金（男性）

年齢／地域	年齢計	19歳以下	20～24歳	25～29歳	30～34歳	35～39歳	40～44歳	45～49歳	50～54歳	55～59歳	60歳以上
全国計	251	179	201	231	265	284	290	288	296	287	221
北海道	223	159	181	211	237	255	262	258	253	246	191
青　森	202	157	169	194	210	220	230	232	228	217	193
岩　手	205	158	172	192	211	221	227	237	232	227	197
宮　城	229	177	190	215	236	254	260	264	267	267	212
秋　田	204	158	171	200	216	213	226	224	223	223	186
山　形	212	162	177	200	219	229	230	237	244	234	207
福　島	219	165	184	212	236	239	244	240	245	249	198
茨　城	249	178	198	233	262	279	278	280	287	300	227
栃　木	239	181	200	226	254	268	271	272	269	257	214
群　馬	241	186	206	229	251	267	276	274	272	264	207
埼　玉	260	197	216	244	272	292	297	297	300	284	222
千　葉	262	188	213	242	274	295	310	302	301	289	223
東　京	298	192	213	253	312	354	369	364	377	358	262
神奈川	278	199	217	246	284	309	327	328	342	325	236
新　潟	227	169	187	215	238	246	254	257	257	253	199
富　山	249	188	203	225	255	262	277	288	300	282	230
石　川	244	201	208	231	257	271	282	276	273	247	199
福　井	245	187	208	230	258	269	277	280	288	263	208
山　梨	252	188	205	234	265	277	282	297	282	268	211
長　野	245	186	204	230	254	267	285	281	278	271	210
岐　阜	247	183	210	235	257	276	287	280	280	269	204
静　岡	249	191	208	232	257	273	284	284	284	281	212
愛　知	251	190	211	235	260	277	283	287	295	302	219

注1：雇用形態が常用の者（新規学卒者を除く）が対象。
注2：毎月きまって支払われる各種の手当及び現物給与は含むが、超過勤務手当、賞与及びその他の臨時の給与は含まない。税込み。
資料：労働省職業安定局労働市場センター業務室「中途採用者採用時賃金情報（平成11年10月～平成12年3月）」

（単位　千円）

年齢／地域	年齢計	19歳以下	20～24歳	25～29歳	30～34歳	35～39歳	40～44歳	45～49歳	50～54歳	55～59歳	60歳以上
三　重	250	180	205	232	257	278	283	286	290	279	204
滋　賀	248	182	206	230	261	273	288	292	290	280	221
京　都	237	184	200	225	247	265	284	273	264	258	213
大　阪	256	187	207	233	263	286	301	298	305	295	222
兵　庫	253	179	203	230	255	274	286	294	307	290	214
奈　良	239	172	199	224	250	274	280	275	282	247	192
和歌山	228	166	189	218	241	258	270	256	252	246	215
鳥　取	211	160	183	206	223	231	234	227	237	228	181
島　根	210	164	182	204	223	224	233	236	235	219	192
岡　山	236	186	200	224	246	263	270	275	266	253	196
広　島	241	180	200	222	247	268	274	278	276	276	213
山　口	224	167	185	217	235	247	259	251	257	238	195
徳　島	222	176	187	208	226	243	253	244	249	242	227
香　川	235	176	199	223	247	265	263	264	264	255	198
愛　媛	225	168	189	215	238	243	249	254	253	254	206
高　知	219	164	178	206	222	234	252	253	251	236	235
福　岡	229	177	192	213	238	254	260	260	258	258	227
佐　賀	208	165	180	201	223	228	229	230	228	220	194
長　崎	213	165	176	203	223	224	237	238	238	248	199
熊　本	208	159	175	195	219	223	240	243	233	223	185
大　分	213	161	177	201	222	232	241	241	237	222	192
宮　崎	200	157	173	192	215	221	227	226	210	206	178
鹿児島	208	162	180	203	222	227	227	228	222	209	191
沖　縄	181	138	149	170	198	210	209	208	212	193	163

都道府県別の年齢層別採用時平均賃金（女性）

年齢／地域	年齢計	19歳以下	20～24歳	25～29歳	30～34歳	35～39歳	40～44歳	45～49歳	50～54歳	55～59歳	60歳以上
全国計	175	149	166	185	191	182	172	169	167	162	159
北海道	157	139	151	163	168	163	160	154	154	151	147
青　森	139	129	140	148	142	141	137	135	133	131	128
岩　手	146	133	142	151	150	148	148	143	144	138	138
宮　城	154	144	154	163	161	154	149	147	147	143	129
秋　田	140	136	140	149	145	138	142	135	131	133	134
山　形	146	139	146	151	147	145	142	143	142	143	156
福　島	149	139	148	156	154	150	146	141	143	143	147
茨　城	167	147	161	175	178	170	166	166	169	163	152
栃　木	165	154	165	172	176	165	163	157	159	149	148
群　馬	167	154	165	176	172	168	168	162	161	151	150
埼　玉	183	160	174	191	196	188	184	179	176	167	168
千　葉	187	162	175	195	201	197	193	189	185	169	166
東　京	211	166	188	216	238	237	220	209	204	192	183
神奈川	195	165	181	202	210	204	197	195	192	183	179
新　潟	152	143	151	160	157	151	151	146	147	146	141
富　山	162	151	156	165	167	168	161	165	157	160	158
石　川	163	151	161	170	166	163	165	161	161	159	141
福　井	160	151	157	162	163	165	166	169	160	151	140
山　梨	177	176	170	179	185	180	181	175	167	180	177
長　野	165	157	166	174	173	162	161	161	159	153	144
岐　阜	163	153	163	172	169	162	159	160	154	151	143
静　岡	171	160	168	179	180	174	167	168	161	161	156
愛　知	180	160	175	189	191	184	181	176	172	166	154

注1：雇用形態が常用の者（新規学卒者を除く）が対象。
注2：毎月きまって支払われる各種の手当及び現物給与は含むが、超過勤務手当、賞与及びその他の臨時の給与は含まない。税込み。
資料：労働省職業安定局労働市場センター業務室「中途採用者採用時賃金情報（平成11年10月～平成12年3月）」

（単位 千円）

年齢／地域	年齢計	19歳以下	20～24歳	25～29歳	30～34歳	35～39歳	40～44歳	45～49歳	50～54歳	55～59歳	60歳以上
三 重	162	150	160	170	168	164	159	158	162	152	138
滋 賀	169	152	162	177	178	169	170	171	167	160	159
京 都	176	161	171	181	184	184	177	173	179	161	166
大 阪	186	159	175	192	200	195	191	189	182	172	170
兵 庫	178	151	169	183	191	184	184	179	173	167	168
奈 良	173	160	168	174	180	181	180	176	164	156	171
和歌山	154	137	149	160	166	161	160	152	150	140	145
鳥 取	152	144	148	155	153	156	154	155	151	151	140
島 根	150	146	149	153	155	151	149	150	145	144	137
岡 山	161	150	159	169	170	163	159	158	154	143	135
広 島	167	148	163	169	173	171	169	169	163	157	157
山 口	152	139	150	157	157	156	152	151	149	147	149
徳 島	157	141	155	165	162	164	160	150	148	149	140
香 川	161	150	157	168	169	167	162	161	152	150	147
愛 媛	152	141	151	156	163	158	152	148	145	142	132
高 知	158	135	151	166	162	164	161	158	151	150	155
福 岡	162	146	156	164	165	162	157	157	159	173	200
佐 賀	144	134	143	145	145	145	146	148	144	136	141
長 崎	144	130	142	152	149	147	145	139	139	135	137
熊 本	143	133	141	147	148	146	141	142	140	135	135
大 分	145	136	143	153	149	148	146	140	142	129	128
宮 崎	139	131	140	147	145	142	137	136	130	131	131
鹿児島	147	131	147	158	156	151	145	140	139	133	132
沖 縄	140	124	132	142	149	148	148	143	139	126	130

沖縄県の産業別、常用労働者の1人月間現金給与額（規模30人以上）

産業	現金給与総額	対前年比 平成12年	対前年比 平成11年	きまって支給する給与	対前年比 平成12年	対前年比 平成11年
	円	%	%	円	%	%
調査産業計	327,432	△2.7	3.4	262,037	△1.0	3.0
調査産業計（サービス業を除く）	282,165	△3.8	△3.6	231,780	△2.5	△2.2
E 建設業	361,765	△0.6	△7.6	304,376	0.7	△6.0
F 製造業	303,112	△6.9	15.8	245,159	△5.8	11.4
G 電気・ガス・熱供給・水道業	595,017	△1.1	1.0	428,159	0.8	0.5
H 運輸・通信業	242,310	△3.8	△23.7	205,225	△4.6	△17.6
I 卸売・小売業飲食店	229,779	△3.2	14.9	193,937	△1.5	11.4
J 金融・保険業	380,509	△0.6	△3.3	287,220	3.2	1.1
L サービス業	378,663	△1.9	10.3	296,280	0.2	8.7
全国平均（調査産業計）	398,069	0.4	△1.1	308,930	1.0	0.5
格差（全国＝100）	82.3			84.8		

注1：数値は2000年平均。
注2：△は減少。
注3：鉱業、不動産業は調査対象事業所が僅少のため公表しないが調査産業計に含まれている。
沖縄県企画開発部統計課

所定内給与			特別に支払われた給与		
	対前年比			対前年比	
	平成12年	平成11年		平成12年	平成11年
円	%	%	円	%	%
246,102	△0.8	2.8	65,395	△8.5	15.3
214,332	△2.3	△2.2	50,385	△8.6	△2.4
287,523	△0.2	2.5	57,389	△7.0	△10.9
222,046	△5.0	11.3	57,953	△9.7	17.0
390,278	1.1	0.5	166,858	△6.1	△2.0
185,757	△3.6	△20.2	37,085	△0.2	△44.3
180,333	△2.0	9.0	35,842	△9.3	76.1
276,886	3.1	1.5	93,289	△7.5	△19.2
282,058	0.3	7.5	82,383	△8.6	27.1
284,251	0.4	0.5	89,139	△1.2	△6.3
86.6			73.4		

沖縄県の産業別、常用労働者の1人月間現金給与額（規模5人以上）

産業	現金給与総額	対前年比		きまって支給する給与	対前年比	
		平成12年	平成11年		平成12年	平成11年
	円	%	%	円	%	%
調査産業計	277,894	△1.4	△1.1	229,201	△0.6	△1.9
調査産業計（サービス業を除く）	247,495	△3.4	△5.1	209,633	△3.1	△4.2
E　建設業	280,434	△3.0	△5.1	253,337	△4.3	△2.5
F　製造業	263,269	△5.6	8.2	221,397	△5.7	6.5
G　電気・ガス・熱供給・水道業	595,017	△1.1	1.0	428,159	0.8	0.5
H　運輸・通信業	244,594	△3.2	△20.4	205,706	△5.8	△14.1
I　卸売・小売業飲食店	199,631	△3.5	0.9	171,671	△2.8	△1.8
J　金融・保険業	402,677	1.8	△3.8	297,743	8.0	△6.5
K　不動産業	240,820	0.4	△23.8	211,745	3.4	△24.1
L　サービス業	325,872	0.8	4.5	260,085	2.8	2.2
全国平均（調査産業計）	355,474	0.5	△1.3	283,846	1.0	0.0
格差（全国＝100）	78.2			80.7		

注1：数値は2000年平均。
注2：△は減少。
注3：鉱業、不動産業は調査対象事業所が僅少のため公表しないが調査産業計に含まれている。
沖縄県企画開発部統計課

	所定内給与		特別に支払われた給与		
	対前年比			対前年比	
	平成12年	平成11年		平成12年	平成11年
円	%	%	円	%	%
218,179	△0.5	△2.5	48,693	△4.8	7.5
198,021	△3.3	△4.5	37,862	△3.6	△8.2
242,998	△5.5	△1.0	27,097	11.3	△25.0
204,813	△4.7	7.3	41,872	△4.4	10.7
390,278	1.1	0.5	166,858	△6.1	△2.0
185,080	△5.8	△16.9	38,888	12.3	△43.4
164,983	△3.0	△3.0	27,960	△5.8	30.8
280,803	7.7	△6.3	104,934	△10.6	0.8
206,824	3.8	△24.1	29,075	△16.9	0.1
242,227	3.1	0.9	65,787	△6.0	22.2
265,062	0.7	△0.1	71,628	△1.1	△5.8
82.3			68.0		

沖縄県の主要家計指標（全世帯・勤労者世帯）

年　月（平成）	全世帯								
	世帯人員	消費支出	食料	住居	光熱水道	家具・家事用品	被服及び履物	保険医療	交通通信
8年平均	3.58	237,757	58,682	15,102	18,275	8,454	11,237	8,787	22,004
9年平均	3.44	220,241	56,291	15,682	19,128	7,267	10,546	7,363	22,679
10年平均	3.39	221,368	57,135	17,473	19,097	9,018	9,665	7,732	18,524
11年平均	3.37	219,083	56,586	19,368	18,288	6,319	8,994	8,998	20,868
11年10月	3.36	220,897	55,001	23,322	18,429	5,191	8,327	12,068	16,935
11月	3.25	194,811	52,307	16,399	17,479	6,108	7,406	6,909	19,012
12月	3.33	264,885	64,771	23,542	17,064	9,398	12,341	7,505	23,755
12年1月	3.39	223,650	52,980	16,612	18,371	5,101	9,829	9,647	19,796
2月	3.24	221,498	52,736	14,043	18,510	5,892	8,525	9,502	27,847
3月	3.13	340,872	55,398	17,612	17,621	7,205	10,241	8,190	24,796
4月	3.31	256,436	54,385	18,441	17,114	8,781	10,241	9,417	21,413
5月	3.35	228,239	56,225	15,616	16,360	8,321	11,679	6,861	25,716
6月	3.30	235,784	56,134	14,707	17,842	7,858	10,282	9,966	25,454
7月	3.31	229,903	55,808	14,711	18,632	7,468	9,526	11,063	19,965
8月	3.35	213,491	53,794	12,176	20,790	6,199	7,850	7,215	20,901
9月	3.42	222,743	52,900	17,412	21,027	8,602	7,902	8,508	21,429
10月	3.35	215,369	53,221	14,170	21,245	6,393	7,000	10,022	22,046

沖縄県企画開発部統計課

実数（円）

全世帯				勤労者世帯			
教育	教養娯楽	その他の消費支出	諸雑費	世帯人員	実収入	可処分所得	消費支出
12,302	20,819	62,095	9,741	3.79	412,018	359,613	260,940
11,204	17,538	53,543	8,829	3.68	381,265	333,265	229,829
8,923	17,837	55,965	10,419	3.67	399,418	353,049	232,825
10,179	17,430	52,051	10,035	3.57	375,218	333,854	235,470
11,446	15,827	54,353	9,628	3.59	356,299	319,211	223,494
7,034	15,493	46,664	9,932	3.40	339,124	298,111	211,529
9,942	25,081	71,487	11,119	3.56	732,058	663,684	286,946
6,749	14,190	70,375	11,426	3.65	359,393	317,053	237,804
7,210	19,000	58,233	13,712	3.55	381,324	335,625	216,967
8,004	21,909	169,896	112,927	3.50	374,608	332,059	289,294
14,901	20,848	80,895	12,742	3.69	339,475	302,839	244,761
7,899	22,581	56,983	10,646	3.67	314,543	259,533	220,354
14,296	14,726	64,518	12,965	3.54	400,773	357,060	217,488
6,456	19,852	66,424	8,593	3.54	333,504	294,972	213,482
3,343	11,988	69,236	11,352	3.58	356,003	318,182	223,518
16,608	13,786	54,569	9,394	3.66	304,232	271,628	233,276
10,391	14,374	56,506	9,589	3.58	331,022	294,877	207,831

都道府県別の世帯数・世帯人員と保有自動車数

都道府県	一般世帯		施設等の世帯人員	保有車両数（平成11年度末）			
	総　数	世帯人員		計	＃乗用車	＃貨物車（トラック）	＃乗合車（バス）
全　国	43,900	123,646	1,794	74,583	51,222	18,425	236
北海道	2,174	5,556	130	3,538	2,466	802	15
青　森	481	1,451	30	948	601	288	5
岩　手	452	1,395	25	933	598	281	4
宮　城	775	2,298	29	1,475	1,020	365	5
秋　田	374	1,193	21	799	514	241	3
山　形	359	1,240	16	883	577	257	3
福　島	652	2,106	27	1,474	978	411	6
茨　城	921	2,918	36	2,218	1,528	569	7
栃　木	623	1,960	23	1,494	1,042	362	5
群　馬	650	1,981	23	1,620	1,120	411	4
埼　玉	2,279	6,691	57	3,649	2,693	716	10
千　葉	2,009	5,738	54	3,208	2,321	675	10
東　京	4,952	11,589	146	4,618	3,152	902	14
神奈川	3,079	8,161	78	3,822	2,831	649	11
新　潟	756	2,456	31	1,698	1,123	472	8
富　山	336	1,105	18	829	583	207	2
石　川	389	1,158	22	814	580	194	3
福　井	246	813	14	608	415	164	2
山　梨	290	867	15	682	445	195	2
長　野	711	2,165	28	1,762	1,127	532	7
岐　阜	644	2,078	23	1,542	1,084	378	5
静　岡	1,203	3,694	44	2,608	1,789	655	7
愛　知	2,348	6,794	65	4,615	3,336	1,003	11

【世帯数について】「国勢調査」（10月1日）による。「施設等の世帯」とは、一般世帯以外の世帯を構成する人又はその集まりをいい、学校の寮・寄宿舎の学生・生徒、病院・療養所などの入院者、社会施設の入所者、自衛隊の営舎内・艦船内の居住者、矯正施設の入所者などから成る世帯をいう。
資料　総務庁統計局統計調査部国勢統計課「国勢調査報告」（平成7年）
【保有車両数について】自動車輸送量は、地方運輸局別輸送量を、陸運支局別登録自動車数の比率（各年度末）により振り分けたものである。
資料　運輸省運輸政策局情報管理部統計課「陸運統計要覧」「自動車保有車両数（月報）」

（単位　1,000）

都道府県	一般世帯		施設等の世帯人員	保有車両数（平成11年度末）			
	総　数	世帯人員		計	#乗用車	#貨物車（トラック）	#乗合車（バス）
三　重	596	1,817	24	1,341	908	360	4
滋　賀	394	1,276	11	870	602	222	3
京　都	958	2,583	37	1,327	917	311	5
大　阪	3,270	8,676	105	3,761	2,589	879	9
兵　庫	1,867	5,338	61	2,827	1,985	641	8
奈　良	455	1,409	21	782	559	182	2
和歌山	365	1,065	16	713	448	225	2
鳥　取	189	604	10	428	273	136	2
島　根	245	754	17	513	328	161	2
岡　山	657	1,916	34	1,383	921	388	3
広　島	1,046	2,829	50	1,720	1,188	431	5
山　口	563	1,520	35	1,006	684	271	3
徳　島	274	810	22	585	373	182	2
香　川	345	1,008	19	709	465	206	2
愛　媛	541	1,481	26	949	596	298	2
高　知	303	795	21	545	328	183	1
福　岡	1,774	4,826	101	2,950	2,048	721	10
佐　賀	267	865	19	595	384	181	2
長　崎	528	1,505	39	857	557	247	4
熊　本	616	1,814	45	1,201	783	357	4
大　分	434	1,206	25	814	537	236	3
宮　崎	420	1,150	26	845	528	272	2
鹿児島	687	1,747	48	1,206	736	402	4
沖　縄	403	1,247	26	817	563	204	3

沖縄県の観光客入域状況

年	合計			県外		
	計	空路	海路	計	空路	海路
平成3年	3,014,500	2,913,500	101,000	2,822,000	2,739,600	82,400
平成4年	3,151,900	3,048,700	103,200	2,953,200	2,871,200	82,000
平成5年	3,186,800	3,080,400	106,400	3,012,900	2,930,500	82,400
平成6年	3,178,900	3,090,700	88,200	3,028,000	2,958,100	69,900
平成7年	3,278,900	3,197,400	81,500	3,140,700	3,078,700	62,000
平成8年	3,459,500	3,383,600	75,900	3,317,600	3,259,800	57,800
平成9年	3,867,200	3,745,300	121,900	3,675,700	3,621,200	54,500
平成10年	4,126,500	4,033,300	93,200	3,985,800	3,931,000	54,800
平成11年	4,558,700	4,391,400	167,300	4,335,700	4,286,000	49,700
平成12年	4,521,200	4,388,000	133,260	4,323,500	4,277,400	46,100

資料：県観光リゾート局

単位：（人）

外国		
計	空路	海路
192,500	173,900	18,600
198,700	177,500	21,200
173,900	149,900	24,000
150,900	132,600	18,300
138,200	118,700	19,500
141,900	123,800	18,100
191,500	124,100	67,400
140,700	102,300	38,400
223,000	105,400	117,600
197,700	110,800	87,100

住まいからみた沖縄

（「風土に根ざした家づくり手引き書」〔沖縄県土木建築部住宅課〕より）

風土に根ざした住まいの表情（沖縄らしい外観の実例）

強い日ざしと雨風から建物を守り、私たちの暮らしを守る住まいの形（外観）は重要です。沖縄らしい外観は建物や暮らしを守るだけでなく、地域の景観の一部としてうるおいある表情をもたらせてくれます。

①アマハジ的空間を…

・伝統的なアマハジ空間は、影をつくり涼を呼び、生活にかかせない豊かな表情をつくりだします。

②壁面を柔らかく…

・暑い沖縄では大きな壁ではなく暑さを柔らげる為に線の構成による柔らなか影で涼しさの表情をつくりましょう。

③大きな形状は分割して…

・大きな屋根や壁は照り返しで暑苦しく感じます。小さく分割して陰影をつけ、集落のイメージをつくりましょう。

④地域の素材(材料)による表現を…

・石垣や赤瓦、花ブロック、琉球ガラス等で構成された沖縄の素材（材料）のもつイメージで沖縄らしい表情をつくりましょう。

⑤周辺と調和した景観を…

・周辺のまち並みや素材に調和したゆとりある外観で、外部に一体感のある表情をつくりましょう。

⑥新しい形で風土の表現を…

・新しい素材（材料）や工法を用いた構成による新しい形態で、沖縄の伝統的空間を現代的に再現しましょう。

①アマハジ的空間を……

深い庇と影のある彫りの深い形状は、豊かな生活空間をつくります。

②壁面を柔らかく……

格子やルーバー等でつくるスリット（すきま）は、大きな壁面の圧迫感をなくし建物の表情を柔らかくします。

※アマハジ：雨をよける庇（ひさし）のこと。

③大きな形状は分割して……

小さな屋根の組み合わせが沖縄らしいイメージをつくり出し、分離された屋根や分割された多くの壁面で構成された陰影は涼しさをさそいます。

④地域の素材による表現を……

石垣囲いや、赤瓦屋根で地域の材料のもつ質感を出し、沖縄らしい雰囲気をかもしだしています。

⑤周辺と調和した景観を……

通りの表情と調和した屋敷周辺の緑で、ゆとりとうるおいのある住環境をつくりだしています。

⑥新しい形で風土の表現を……

ブロック・木・鉄等の構成による新しい形で、沖縄の伝統的空間を現代的に再現し、つくり出しています。

間取りを考える（戸建住宅）

■ 涼しさは平面プランから

間取りを考える場合は、まず南に開き開放的で快適な間取りを考えると共に、日常生活における家族の対話の図れる家づくりを目指します。さらに、家庭内での行事の多い沖縄の生活習慣を考慮し、「つづき間」的な間取りを考えましょう。

①風が通りやすく…

沖縄の場合夏の風は、南の方向が主なので、開口部は南に開くように計画することが望ましい。そして、風を充分に取り入れて涼しく生活ができるように計画しましょう。

②「つづき間」の生活空間を…

世代を越えて同居が考えられることから、家族の対話が図れる計画にし、その上、親類などの行事や集りが多い習慣から、多目的に使える「つづき間」の平面計画が望ましい。

③方位について…

家の向きや玄関の位置、仏壇、台所、風呂、便所などの向きや位置についても、充分に検討することが望ましい。仏壇は南又は東に向くのが一般的です。

■平面の基本形について

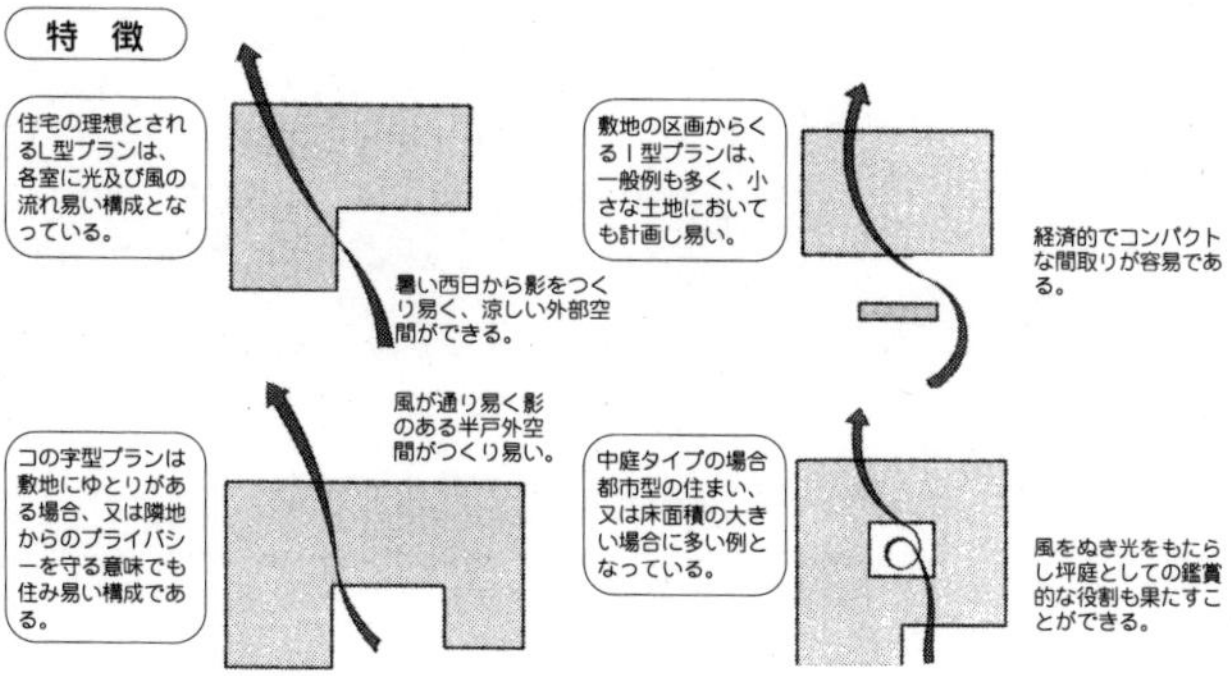
特　徴
住宅の理想とされるL型プランは、各室に光及び風の流れ易い構成となっている。

暑い西日から影をつくり易く、涼しい外部空間ができる。

敷地の区画からくるＩ型プランは、一般例も多く、小さな土地においても計画し易い。

経済的でコンパクトな間取りが容易である。

風が通り易く影のある半戸外空間がつくり易い。

コの字型プランは敷地にゆとりがある場合、又は隣地からのプライバシーを守る意味でも住み易い構成である。

中庭タイプの場合都市型の住まい、又は床面積の大きい場合に多い例となっている。

風をぬき光をもたらし坪庭としての鑑賞的な役割も果たすことができる。

南に開いたＩ型住まい

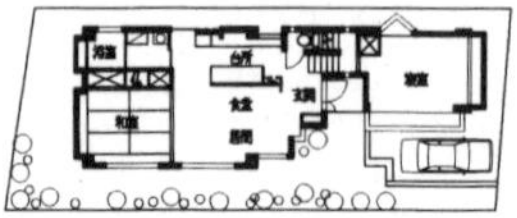

・南面にハキ出しの大きな開口を設け、風を通り易くした計画。
・経済的な計画である。

Ｌ字型に配置された住まい

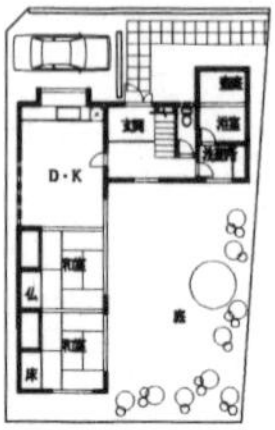

・集いに対応したつづき間プラン
・西日をさえぎることで庭に影ができる。

コの字型に配置された住まい

・コの字型にかこまれた庭に開口を設け、風と光を取り入れる事のできるプラン。

中庭のある住まい

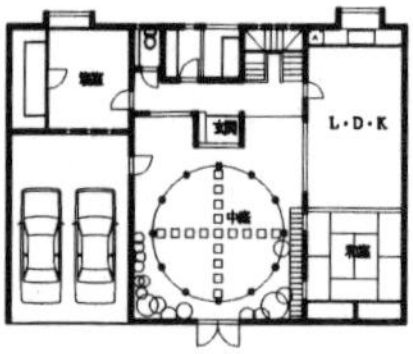

・中庭を設け風と光をとりいれる。
・内部全体が見渡せることができ外部からのプライバシーを守ることができる。

アマハジのある住まい

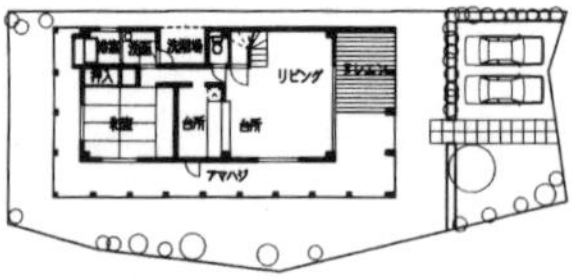

・南面にハキ出しの大きな開口を設け、風を通り易くした計画。
・伝統的なアマハジで影をつくりだす。

半戸外のある住まい

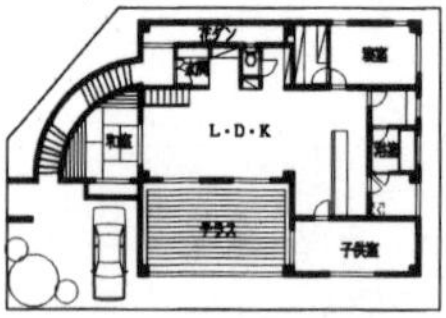

・リビングと一体となった使い方のできる半戸外のテラス。
・半戸外をつくることで外部からの視線をさえぎる。

断面計画を考える

住まいの中で健康的な生活を続けて行く為には、風の流れる明るい空間づくりをしたいものです。

敷地や、建物の規模等の条件をふまえ、最も大切にしたい私達の生活空間を、優しく包み、快適な生活のできる空間づくりが、断面計画をする上での目標とすべきことです。

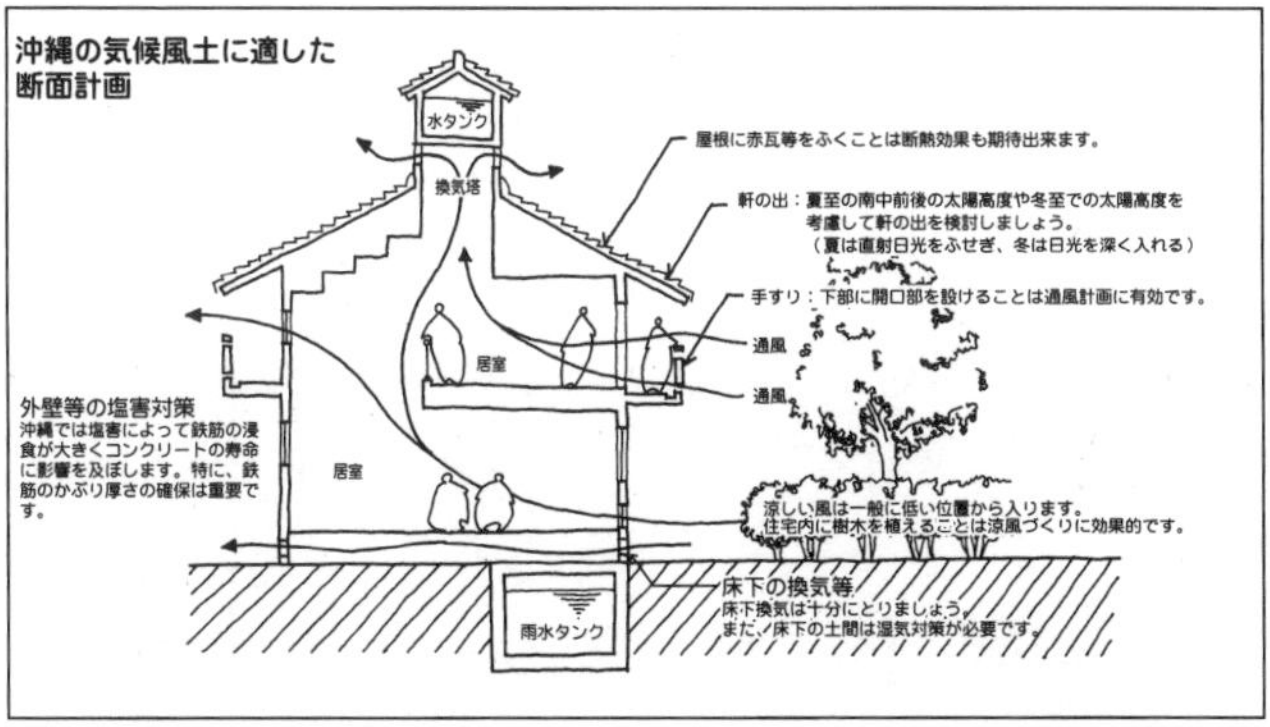
沖縄の気候風土に適した断面計画
水タンク
換気塔
居室
居室
雨水タンク
屋根に赤瓦等をふくことは断熱効果も期待出来ます。
軒の出：夏至の南中前後の太陽高度や冬至での太陽高度を考慮して軒の出を検討しましょう。
（夏は直射日光をふせぎ、冬は日光を深く入れる）
手すり：下部に開口部を設けることは通風計画に有効です。
通風
通風
外壁等の塩害対策
沖縄では塩害によって鉄筋の浸食が大きくコンクリートの寿命に影響を及ぼします。特に、鉄筋のかぶり厚さの確保は重要です。
涼しい風は一般に低い位置から入ります。
住宅内に樹木を植えることは涼風づくりに効果的です。
床下の換気等
床下換気は十分にとりましょう。
また、床下の土間は湿気対策が必要です。

風と光のある中庭

植栽
廊下
中庭
（ナー）
廊下

木製デッキによって室内と一体感をもたせた中庭の例

風を導き入れるアマハジ

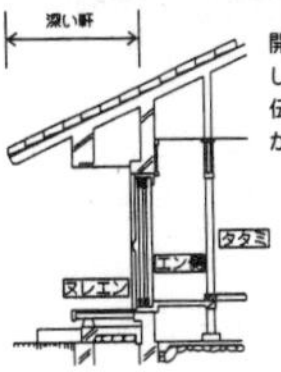
深い軒
タタミ
エン側
ヌレエン

開口を木製引込み戸とし、開放した例。伝統的手法が現在も生かされている。

天井はできるだけ高く

熱気は上昇する性質があり、また天井の輻射熱が頭上に届かないためにも、高い天井、高い位置での換気が有効です。

天井輻射熱が
届かない

高い天井の広間

風の抜ける階段室を

明るさをもたらし、風を流す吹抜け効果のある階段室にしましょう。

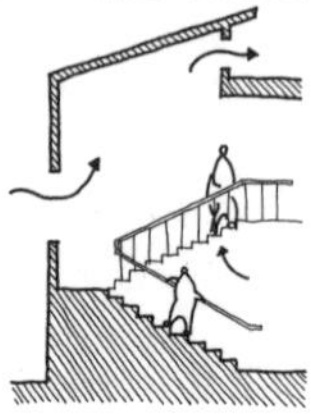

吹抜のある空間を

大きい空間（気積）を取り、風が流れ易いようにすることで、暑さに対処しましょう。

吹抜のある居間

開口部を上下に設ける

涼しい風は一般に低い位置から入り、高い位置から出ます。

上・下差のある開口
下部はハキ出し窓にするとよい

日ざしをさえぎる工夫

パーゴラをつた類でおおったり、よしずをかけたりすることで日ざしをコントロールできます。

つた類
パーゴラ

パーゴラによる日除け装置

よしずにより日ざしをやわらげる。

ひさしの設置に工夫を

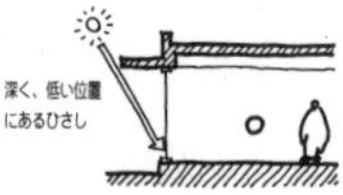
深く、低い位置
にあるひさし
O

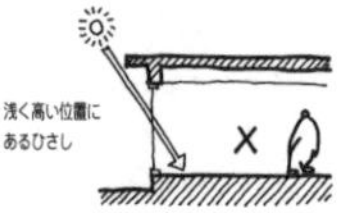
浅く高い位置に
あるひさし
X

住まいの設備を考える

直接に自然の影響を受けやすい沖縄の住まいの設備は、特に注意して考えることが必要です。自然の恵みを有効に使いながら、効率のいい快適な生活を創りだすために、またライフスタイルの多様な変化に対応するために、適切な設備が必要です。省エネルギーや資源のリサクルも考えて、地域にあった設備で豊かな暮らしを考えましょう。

■地域の設備を考えるキーワード

1）**長く使える機器や管材を！**（特にサビに注意）
2）**機器の取り替えが容易なようにしましょう。**（だれにでもできる取付方法で、特に点検口は必ずもうけましょう。）
3）**配管材料の取り替えが容易なように！**（埋設配管はできるだけ少なく）
4）**充分な予備の電源を持ちましょう。**（将来を見こした一廻り大きな分電盤・管材・アウトレットを！）
5）**省エネルギー型の機器を使用しましょう。**（効率のよい機器をつかいましょう。）
6）**貯水槽は衛生と美観を考えて！**（清掃のしやすい構造と位置を考えましょう。）
7）**風を利用して涼しい暮らしを！**（クーラーだけにたよらず、自然の風も利用しましょう。）
8）**太陽の熱と光を上手に使いましょう。**（ソーラーによる発電や給湯も有効に使いましょう。）
9）**雨水を利用し、使用した水は地中へ還しましょう。**（散水、洗車、トイレ等は、雨水を利用しましょう。）

■風力や太陽光の利用

太陽や風の恵みのある沖縄では、自然エネルギーを有効に利用したソーラー照明設備や風力による揚水などが有効です。

■太陽光発電

太陽光を利用した発電設備により、住宅内の電気を供給して電灯や電気製品に利用しています。

■省エネ、節水型の機器を！

・節水型衛生機器の利用。
・省電力型照明器具をつけましょう。
・高効率の燃焼や空調器を利用しましょう。
・多様化する情報通信の為の予備配管。
・ソーラー利用の保安灯。

■生活排水をもっときれいに、魚の住める川を！

・小型合併処理浄化槽をつかいましょう。
（地域により設置補助金もあります。）
・公共下水道が整備された地域では
必ず下水道に、接続をするようにしましょう。

■雨水利用（各家庭で雨水を貯え豊でうるおいある生活をつくりましょう。）

住まいの中には雨水でまかなえる給水場所がたくさんあります、有効に使いましょう。

- 天の恵みの雨水は水道料がいりません。
- 雨水利用により山の緑や川のせせらぎやきれいな海が子供達に残せます。
- 単純な設備と定期的なメンテナンスだけで簡単に雨水が利用できます。

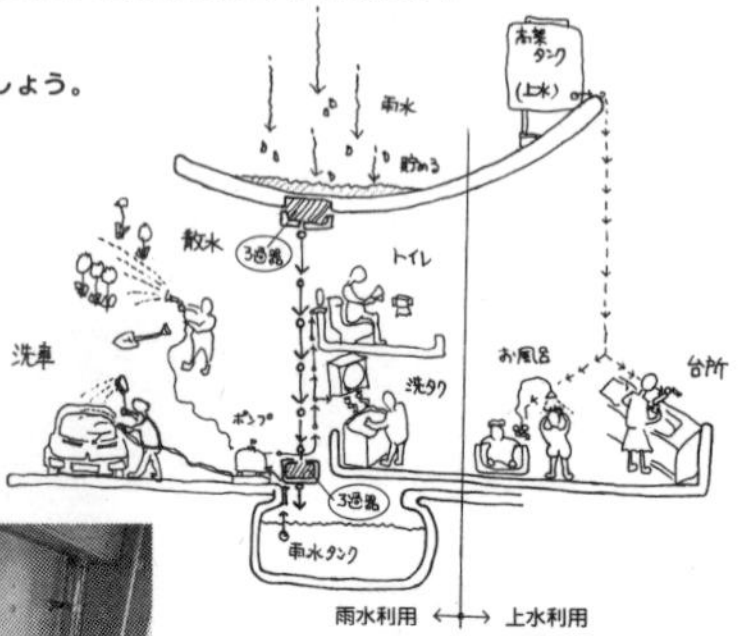

高架タンク
(上水)
雨水
貯める
散水
3過器
トイレ
洗車
お風呂
台所
洗タク
ポンプ
3過器
雨水タンク
雨水利用 ←→ 上水利用

雨水利用の概念図

集水マス

雨水ろ過器

雨水位計

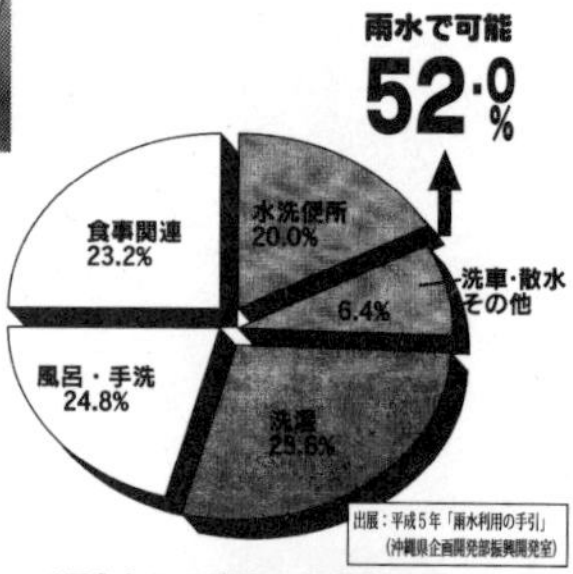

雨水で可能
52.0%
水洗便所
20.0%
洗車・散水
その他
6.4%
洗濯
25.6%
風呂・手洗
24.8%
食事関連
23.2%
出展：平成5年「雨水利用の手引」
(沖縄県企画開発部振興開発室)

1日あたりの家庭の水道使用量
雨水利用により水道料金が半分に！

伝統的民家の雨水タンク

集水樋とろ過用の砂利

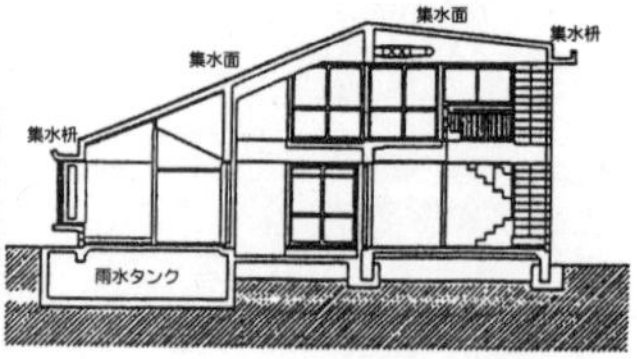

集水面
集水枡
集水面
集水枡
雨水タンク

雨水利用住宅の断面図

地域の素材を活用する

一軒の住宅には鉄筋やコンクリートをはじめ沢山の材料や製品が使用されています。地場産の建築用資材を活用して地域性を活かした住まいづくりを行いましょう。地域に適した材料や、建築部材を使用して、地域の技術を用いた丈夫で長く住みこなせる住まいづくりにしましょう。

赤　瓦…沖縄の代表的な屋根ふき材で近年需要が高まっています。

木　材…地場産のチャーギ（イヌマキ材）を使用したアマハジの軒裏の仕組。

石　材…塀、外構用素材として使用され、おもむきのある表情がつくれます。

花ブロック…日ざしをさえぎりながら風を通す部材として使用されています。

月桃紙…沖縄の新しい素材として、障子やフスマや壁紙として使用されています。

琉球ガラス…あざやかな色彩をもち、光の演出を楽しむことができます。

■伝統的な民家形態

伝統的な民家に見る間取り、配置、断面

・敷地の南を大きく開けて風や光を呼び込んでいる。
・アマハジと縁で彫りの深い表情をつくっている。
・ヒンプンは中と外をやわらかくつないでいる。
・屋敷林や石垣は、台風から住宅を守っている。

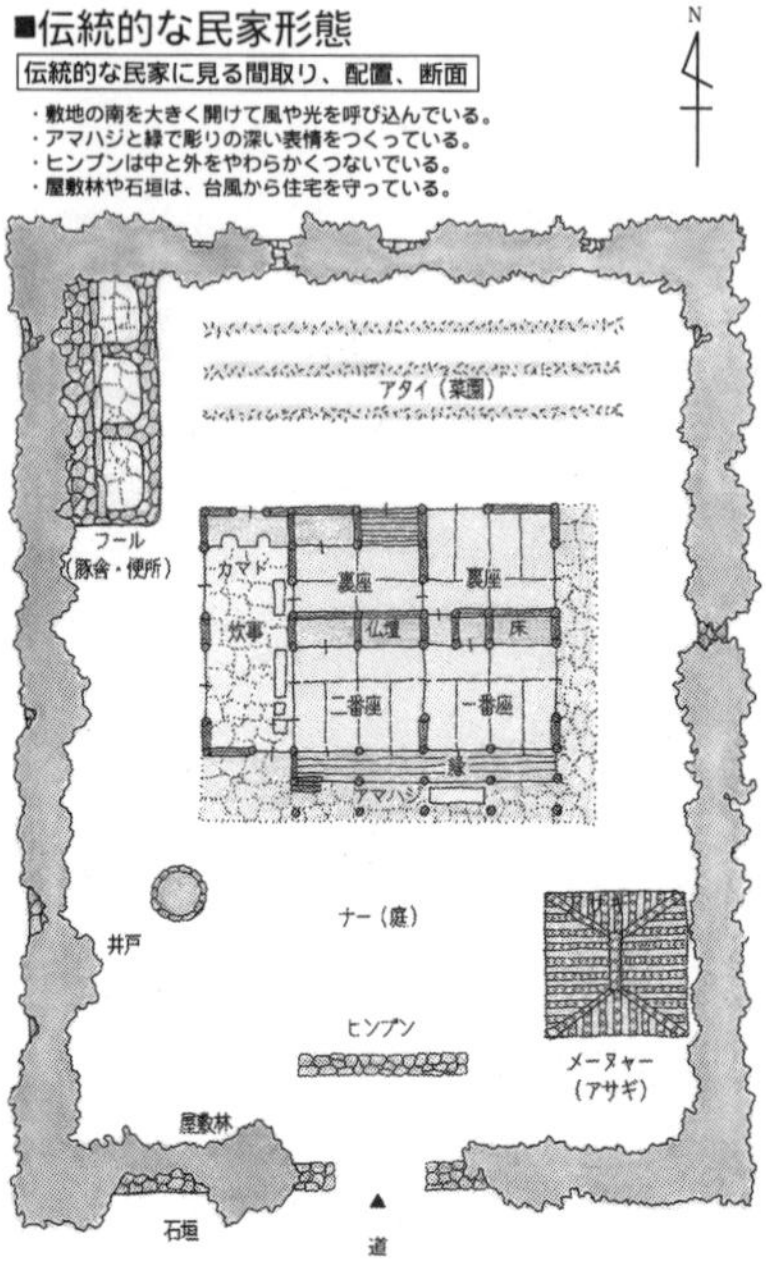
N
アタイ（菜園）
フール
（豚舎・便所）
カマド
炊事
裏座
裏座
仏壇
床
二番座
一番座
縁
アマハジ
井戸
ナー（庭）
ヒンプン
メーヌャー
（アサギ）
屋敷林
石垣
道

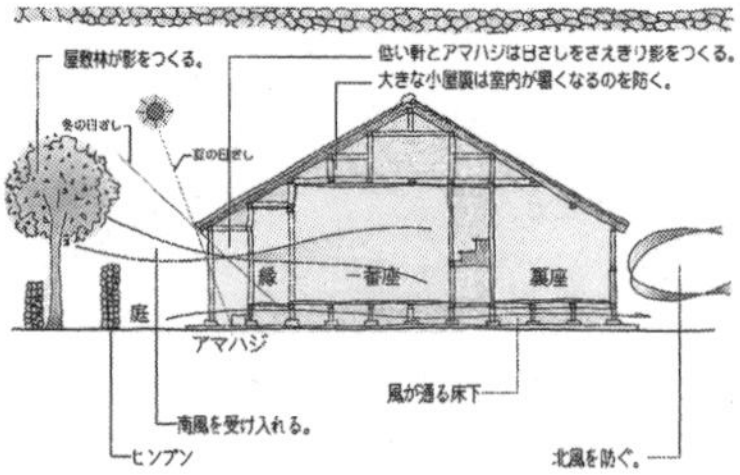
屋敷林が影をつくる。
低い軒とアマハジは日さしをさえぎり影をつくる。
大きな小屋裏は室内が暑くなるのを防ぐ。
冬の日ざし
縁
一番座
裏座
庭
アマハジ
風が通る床下
南風を受け入れる。
ヒンプン
北風を防ぐ。

沖縄の風景

国頭村奥の集落

久米島の民家

首里金城町石畳

シ ー サ

■季節による風向きの変化

冬の風向き　　夏の風向き

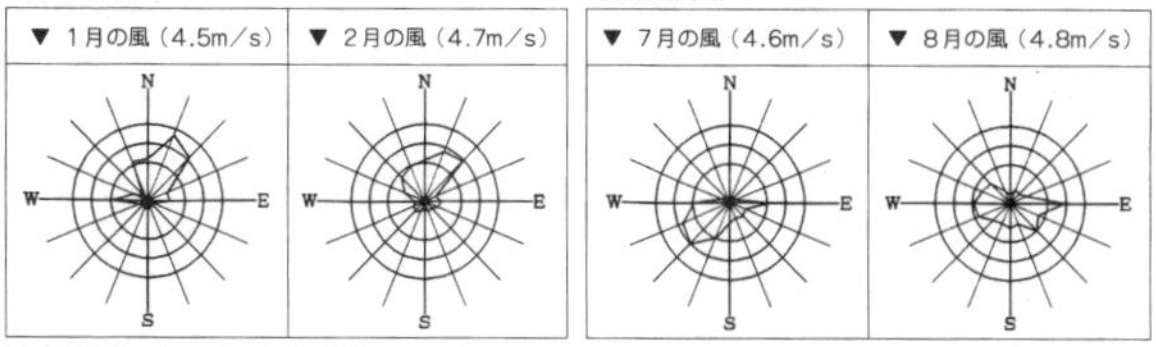
▼ 1月の風（4.5m／s）
▼ 2月の風（4.7m／s）
▼ 7月の風（4.6m／s）
▼ 8月の風（4.8m／s）
N
W
E
S

冬の風は北側から吹いてきます。風を閉ざす工夫をしましょう。　夏の風は南側から吹いてきます。風の取り入れを工夫しましょう。

■月別の台風の変化

沖縄は台風の進路に当たり易く、通過中とその前後に強風をうけます。
特に東寄りの風が強く、住宅の東側開口は配慮が必要です。

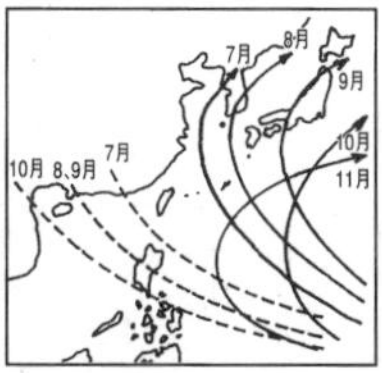
7月
8月
9月
10月
11月
10月 8,9月
7月

風が流れ影と光がここちよい空間をつくりだすアマハジ（中村家）

■月ごとの気温と湿度の変化

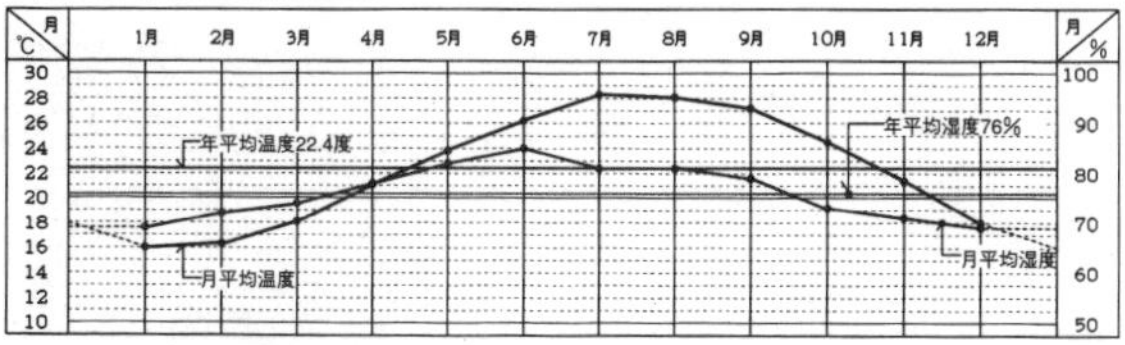
月
℃
1月 2月 3月 4月 5月 6月 7月 8月 9月 10月 11月 12月
%
30 28 26 24 22 20 18 16 14 12 10
100 90 80 70 60 50
年平均温度22.4度
年平均湿度76%
月平均温度
月平均湿度

■月ごとの降水量の変化

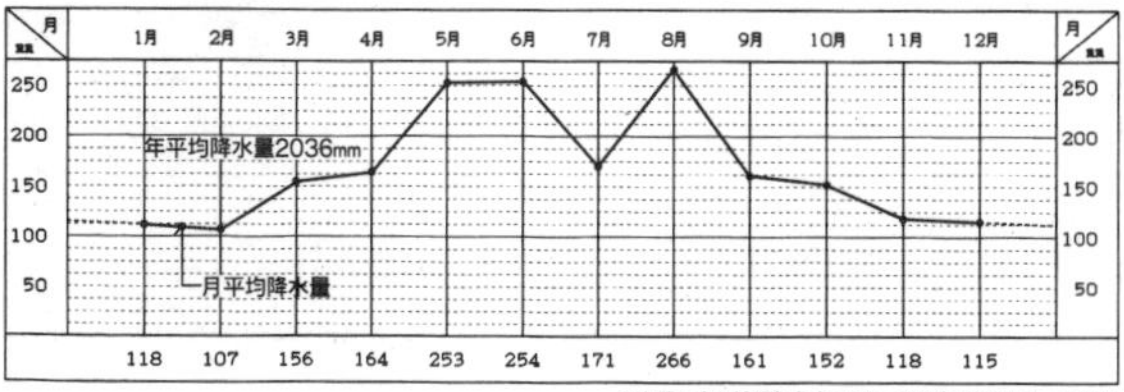
月
1月 2月 3月 4月 5月 6月 7月 8月 9月 10月 11月 12月
250 200 150 100 50
年平均降水量2036mm
月平均降水量
118 107 156 164 253 254 171 266 161 152 118 115

※上記の表は沖縄気象台1961～1990年の平均データです。

■公庫融資の種類

融資の種類	ご利用いただける方	お問い合わせ先
マイホーム新築資金 建売住宅購入資金	自ら居住するため、床面積80㎡以上（建売住宅は70㎡以上）280㎡以下の住宅を建設又は購入する方	沖縄振興開発金融公庫 音声ファクシミリ 098－861－0200 ※お近くの取扱い金融機関にお問い合わせ下さい。
マンション購入資金	自ら居住するため、専有面積50㎡以上280㎡以下のマンションを購入する方	
分譲住宅購入資金	自ら居住するため、優良分譲住宅または公社分譲住宅を購入する方	
中古住宅購入資金 優良中古マンション購入資金	自ら居住するため、中古一戸建住宅、中古マンション、優良中古マンションを購入する方	
住まいひろがり 特別融資	（親族居住型） 親または子が住む住宅を新築・購入・リフォームする方 （本人居住型） 生活の拠点としている現在お住まいの住宅の他に、週末などに自ら利用（居住）する2戸目の住宅を新築・購入する方	
住宅改良資金 （リフォームローン）	住宅を増築、改築、修繕、模様替えする方。その他植樹、造園などの外回り工事やシステムキッチンの設置を行う方も対象となります。	
財形住宅資金	一般財形貯蓄、財形年金貯蓄、財形住宅貯蓄を1年以上行っており、その貯蓄残高が50万円以上ある方。	

年金融資	・厚生年金保険か国民年金に3年以上加入している方 ・最近2年間の保険料をもれなく納めている方	㈳沖縄県年金福祉協会 098－866－6955

■バリアフリー住宅整備に関する公的支援（平成10年9月現在）

タイムス住宅新聞第669号参考

事業名	整備内容・助成額等	事業主体
沖縄県 高齢者等住宅改造費助成事業	○助成額（限定額） ・80万円、但し、市町村で決めている場合にはそれに準じる。 ・市町村に対して助成額の1/2～1/4の補助を行うものであり、県民に対して直接助成するものではない。	沖縄県 福祉保健部
那覇市 住宅改造費助成事業	○助成額（限定額） ・初回30万円を限度とし、終身で50万円まで助成。 ・生活保護世帯以外は1割の自己負担。 但し、高額所得者の場合は、助成の対象外。	那覇市福祉保健部老人福祉課・福祉課 TEL 867-0111（代）
沖縄市高齢者等住宅改造費支給事業	○助成額（限度額） ・浴室－18万円・台所－15万円・玄関等－20万円 ・便所－9.5万円・室内移動設備－10万円 ・市町村民税非課税世帯以外は、所得税等課税年額に応じて5千円から20万円の自己負担。但し、高額所得者の場合は、助成の対象外。	沖縄市福祉部 長寿障害 対策課 TEL 939-7894（直）
宜野座村 老人・身障住宅改造助成制度	○助成額（限度額） ・10万円 ・所得税非課税世帯以外は、所得税課税年額に応じて2～8割の自己負担。但し、高額所得者の場合は、助成の対象外。	宜野座村 福祉課 TEL 968-8535（直）
石川市 重度身体障害者居宅等整備費支給事業	○助成額（限度額） ・浴室－18万円・台所－15万円・玄関及び廊下－20万円・便所－10万円	石川市 福祉事務所 福祉係 TEL 965-5610（直）
恩納村 すこやか住まい助成制度	○助成額（限度額） ・10万円 ・前年の所得税課税年額に応じて0～5割の自己負担。	恩納村社会 福祉協議会 TEL 966-8509（直）
読谷村 重度身体障害者（児） 住宅改造助成	○助成額（限度額） ・浴室－9万円・台所－7万円・玄関－6万円・便所－8万円・その他村長が認める部分	読谷村 福祉課 TEL 982-9200（代）
具志川市らくらく住宅リフォーム事業	○助成額（限定額） ・5万円・おおむねスロープ、手すり等設置	具志川市 社会福祉協議会 TEL973-5459（直）
勝連町 安心住まい助成事業	○助成額（限定額） ・5万円 ・所得税課税年額に応じて自己負担有り。	勝連町社会 福祉協議会 TEL978-5914（直）
宜野湾市 重度身体障害者居宅等整備費支給事業	○助成額（限度額） ・浴室－9万円・台所－7万円・玄関及び廊下－6万円・便所－8万円	宜野湾市 福祉部 生涯福祉課 TEL 893-4411（代）
糸満市 住宅改造費助成事業	○助成額（限定額） ・30万円 ・おおむね居室、浴室、洗面所、便所、玄関、廊下、階段昇降機等の設置、その他の設備、構造等で対象者に適応するよう改造に要する経費。 ・生活保護世帯以外は1割の自己負担。	糸満市 福祉部長寿 障害対策課 TEL 992-4121（代）
石垣市 重度身体障害者居宅等整備費支給	○助成額（限度額） ・浴室－9万円・台所－7万円・玄関及び廊下－6万円・便所－8万円	石垣市 福祉事務所 福祉係 TEL 2-9911（代）
生活福祉資金貸付制度住宅資金	○貸付制度 150万円 （但し、特に必要と認められる場合245万円まで可能） 通常、老朽家屋の補修等に必要な経費の貸付を行うが、高齢者、障害者向けの住宅改造に対する貸付も行う。 民生委員による援助指導が行われる。	沖縄県社会 福祉協議会 ※各市町村 社協を 通して申し込む

（対象については各市町村へお問い合わせ下さい。）

■合併処理浄化槽設置補助制度について

沖縄県では、下水道未整備地域で、当面の間下水道が整備される見込みがない補助対象地域（沖縄県全域）において、合併処理浄化槽を設置する方に補助金を交付しております。対象地域及び補助額、申請については、各市町村へお問い合わせください。

補助金の金額（平成10年度）

人槽区分	補助金額	これまで補助を行った自治体（沖縄県全域対象）
5人槽	354,000円	・伊江村・国頭村・名護市・宜野座村・具志川市 ・西原町・那覇市・豊見城村・大里村・南風原町 ・宮古広域圏一部事務組合 ※県内では平成9年度までに137基の合併処理浄化槽の設置に補助金が交付されています。
6～7人槽	411,000円	
8～10人槽	519,000円	

沖縄県の窓口…文化環境部

※合併処理浄化槽とは………水中の微生物の働きを利用して、台所、洗濯、お風呂などの生活雑排水をし尿とあわせて処理する浄化槽のことです。

■景観助成金について

自治体	那覇市（首里金城地区都市景観形成地域）	石垣市（全　域）
主な内容	都市景観助成金の対象範囲は、屋根、外壁及び敷地囲い等の外観の景色形成に有効な部分を行う工事であり、助成額は。工事費の2分の1以内とし、限度額は1件につき原則として100万円としています。	景観形成に資するために赤瓦等の設置に要する経費について、助成金を交付しています。屋根面積に応じて、30万円、50万円の範囲があり、その他にも琉球石灰岩の石垣や生け垣、高架水槽の設置工事にも3万から5万円の助成金が交付されます。
お問い合わせ先	那覇市役所都市計画課 TEL 867－0111（内432・510）	石垣市役所都市計画課 TEL 09808－2－9911（内415）

※市町村によっては緑化促進を図る為、苗木の無料配布を行っています。

■住宅性能保証制度について

この制度により登録された住宅は、保証書の内容に従って最長10年間にわたり登録業者による保証が受けられます。不具合が生じた場合は無料で修補が行われます。保証をより確実にするため長期保証対象部分には特別な保険がかけられており、万一登録業者が倒産した場合でも一定部分に対して保険が適用になります。

（住宅引渡し後2年経過以降10年目迄に限ります。）

お問い合わせ先
（社）沖縄県建築士会　TEL 098（879）7727

■主な保証内容

保証部分	保証の対象となる事例
長期保証 構造上重要な部分	●基礎の著しい沈下、不同沈下など　10年 ●床の不陸、たわみ、破損など　10年 ●壁の傾斜、たわみ、破損、雨漏りなど　10年 ●屋根からの雨漏りなど（仕様により）　5～10年 ●土台、柱などの傾斜、たわみ、破損など　10年
短期保証 長期保証以外の部分	●仕上げの剥離、建具の変形、浴室の水漏れ、設備の不良など　1～2年

移住お役立ちメモ

就職情報誌

「就職転職情報　ルーキー」
毎週月曜日発売　定価150円
発　行　㈱ラジカル沖縄
電　話　098-831-6429
HP http://www.rookie-fadical.co.jp/

「ａｓｋ」
毎週月曜日発売　定価150円
発　行　㈱求人おきなわ
電　話　098-862-2490

「ジェイウォーム」
毎週日曜日発行　無料配布
発　行　㈱冒険王
電　話　098-869-3524
フリーダイヤル0120-314-465
HP http://www.bokeno.com/

アルバイト情報誌

「今日バイト」
毎週水曜日発売　定価150円
発　行　㈱ラジカル沖縄
連絡先　同　上

「ａｒｐａ」
毎週木曜日発行　定価150円
発　行　㈱求人おきなわ
連絡先　同　上

住宅情報誌

「住宅ＪＯＨＯ」

毎月10日・25日発売　定価100円
発　行　㈱住宅ニュース
電　話　098-854-3416
ＨＰ http://www.jutakunews.co.jp/

「宅建情報」

毎月5日・15日・25日発売　定価100円
発　行　㈱タイムス住宅新聞社
電　話　098-934-1122
ＨＰ http://www.jpress.co.jp/

離島情報

『沖縄・離島情報』

①春・夏の年２回発行号　定価（本体457円＋税）
②年１回発行の各年度版　定価（本体743円＋税）
発売元　㈱林檎プロモーション
電　話　0551-32-2663

『やえやま　GUIDE BOOK』

隔年発行　定価（本体1,200円＋税）

『情報　やいま』

月刊発行　定価（本体381円＋税）
発　行　南山舎
電　話　09808-2-4401

格安ドミトリー

沖縄ゲストハウス

住　所　那覇市西2-6-13
電　話　090-9782-9696
ＨＰ http://w1.nirai.ne.jp/ogh/
料　金　ロイヤルスイート　1万円／ドミトリー　1,500円（月極3万5,000円）／シングル　3,000円／ツイン　4,000円
レンタサイクル　1日500円
インターネット　1時間100円

ゲストハウス柏屋

住所　那覇市松尾2-11-22
電話　098-869-8833
ＨＰ http://www.88smile.com/kasiwaya/
料　金　ドミトリー　1泊1,500円、1週間10,000円　1ヵ月3万8,000円／個室　1人3,000円、2人目からは1,500円

月光荘

住所　那覇市牧志1-4-32
電話　098-862-5328
ＨＰ http://w1.nirai.ne.jp/ameshew/
料　金　ドミトリー　1泊1,500円、1週間9,000円　1ヵ月3万円